느슨하게 부지런한 행복

일러두기
이 책은 동아일보 〈2030세상〉에 연재한 칼럼과 추가 원고를 바탕으로
만들어졌습니다.

느슨하게 부지런한 행복

출근길의 아득함을 설렘으로 치환하는 힘

김지영 지음

포르체

프롤로그

아득함을 설렘으로 치환하는 힘

2018년 2월부터 현재까지 동아일보 〈2030세상〉 지면에 칼럼을 연재해 오고 있다. 2021년 8월, 초기 3년 반 동안의 글을 엮어 《행복해지려는 관성》(필름)이라는 제목으로 내놓았다. '제아무리 벅찬 하루였대도 마지막에 '그래도'로 시작하는 문장 하나를 더하는 일, 딱 그만큼의 긍정과 딱 그만큼의 용기'에 대해 이야기했고, 분에 넘치는 사랑을 받았다.

다시 그로부터 4년의 시간이 흘렀다. 내가 나이 든 만큼 글의 주제도 달라져 '커리어 에세이'라는 가제로 이

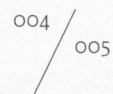

책이 시작되었다. 글을 쌓는 내내 그 제목이 어찌나 무거웠는지 모른다. 나는 커리어를 완성해 본 적이 없다. 당연히 나의 글도 대단한 조언을 담을 수 없다. 나라는 사람이 그대로인지라, 결국 나의 이야기는 전작과 크게 다르지 않다. 역시 행복 이야기이다. 다만 그 이해의 대상이 '밥벌이'로 확장됐을 뿐이다.

취업만 하면 '진로 고민'은 끝인 줄 알았다. 어느덧 그로부터 13년이 흘렀고, 그 시간 동안 단 하루도 진로에 대한 불안을 떨쳐 내 본 적이 없다. 무엇이라도 될 줄 알았는데 여전히 그 '무엇'을 몰라 고민하고 있는 현실과, 하루가 다르게 체감하는 체력의 퇴보 앞에서 무력하게 조급해진다. 그렇게 돌고 돌아 현재에 이르렀고 어느 정도는 만족스럽게 자부심을 가지고 일하고 있지만 불안만큼은 여전하다.

하지만 그 세월이 마냥 헛된 것만은 아니었다. 책의 제목인 《느슨하게 부지런한 행복》은 내가 체득해 온 삶의 태도이다. 야속하지만 어떤 불행은 마음을 고치는 것만으론 해소되지 않는다. 일터를 옮겨야만 해소되는 불행도, 역량을 키워야만 수습되는 불행도, 세상에는 분명히 존재한다. 모두가 '마음 편히 나태해지는 행복'만을 이야기한다. 그 위안도 물론 크지만, 경험상 근본적인 불안을 잠재우지는 못했다.

삶이 불안할 때, 나는 움직인다. 머리를 쥐어뜯으며 이력서를 쓰고, 일면식도 없는 이들에게 조언을 구한다. 매년 새로운 것을 한 가지 이상 찾아 배우고, 출근 시간보다 두 시간 일찍 카페에 가서 공부를 한다. '단편적 힐링'이 아닌 '대책'을 구하고, 가능하면 그것을 즐겁게 해 나갈 수 있는 방법을 고안한다. 나의 장기는 이렇게 사소한 장치들로 스스로를 부지런히 지켜 내는 데 있다.

다만 내가 추구하는 부지런함은 '완벽함'과는 거리가 있다. 새로운 시도는 중도에 포기하기 일쑤이고, 아침 카페는 며칠 걸러 한 번이 고작이다. 그러나 한 번 '시작해 봤다'는 것이 언젠가의 문턱을 낮춰 주기도 한다. 그렇게 시작하고, 멈추고, 때로는 다시 돌아와 시작한다. 지킬 수 없는 '완벽한 루틴' 대신 '내가 감당할 수 있는 리듬'을 택한다. '작심삼일'도 반복되면 그 '삼일'들이 모여 삶이 되기에, 어기적거리는 걸음으로 느슨하게나마 매일 조금씩 나아간다.

마음을 다한 순간순간이 삶을 더 나은 곳으로 데려다줄 것을 믿는다. 그렇기에 뿌연 안개 속에서 우리가 할 일은 그럼에도 단단하게 하루를 살아 내는 것이다. 이제 나는 '무엇'이 되기를 꿈꾸지 않는다. 다만 부지런히 몸과 마음을 움직일 뿐이다. 이런 날들이 쌓이면 '모른다'는 말은 '불안'이 아닌 '기대'의 언어가 된다. 매일 출근길, 그 아득함을 설렘으로 치환한다.

소소한 행복이 일상을 지탱한다면, 부지런한 행복은 삶을 움직인다. 불안하지만 여전히 성장하고 싶은 이들에게 작게나마 영감을 주고 의욕의 물꼬를 틔워 주

프롤로그
—아득함을 설렘으로 치환하는 힘

기를 바라는 마음으로, 다시 내 생애의 한 단락을 세상에 내놓는다.

2025년 9월, 김지영

목차

프롤로그—아득함을 설렘으로 치환하는 힘 005

제1장 **다 똑같다는 말로부터 도망가기**

책상 하나, 명함 한 장 017
속한 세계 너머에 대한 상상력 021
열일곱과 서른넷 사이 025
프로페셔널과 감정 029
나비 효과 033
무대책의 대책-그해 퇴사가 내게 남긴 것 037
'다 똑같다'는 말로부터 도망가기 041

제2장 **돈 없이 행복할 수 있을까**

행복과 성취 사이 047
돈 없이 행복할 수 있을까 052
어떻게 벌 것인가 056
'내돈내산' 일일 아르바이트 060
나의 사이드잡 연대기 064
무쓸모의 쓸모 068

'그냥 하기'의 기술 072
계속 일할 수 있을까 076
다 먹고살자고 하는 일인데 081

제3장 **나를 지키는 일상 프로젝트**

나를 지키는 문장 087
어른의 스트레스 값 091
운전이라는 세계 096
한 주 한 송이 프로젝트 102
혼자의 교실 106
반찬통과 여름 110
셀프 포상의 기술 114
원정 서재 118
최소한의 배낭 123
아무튼, 여행 127
좋아함의 연대 132

제4장 **있는 그대로의 나를 사랑하는 법**

있는 그대로의 내 얼굴을 사랑하는 법 139
내가 되고 싶은 할머니 144
안전한 솔직함에 대하여 148

뒤끝이라는 특권 152
89년생 김지영 155
취준의 추억 159
신혼의 추억 164
김지영이고 기혼입니다 169

제5장 사람을 살리는 것은

사회 친구 괴담 175
'역세권'보다 귀한 '친세권' 179
우리들의 '해방클럽' 183
따로 또 같이 한다는 건 187
타인의 삶 191
이어폰의 쓸모 195
다리를 다치고 깨달은 것 199
그 많던 언니들은 어디로 갔을까 203
사람을 살리는 것은 207
슬픔의 이해 211

제6장 끝을 감각하며 사랑하는 일

디지털 짐 정리 217
셀프 송년회 222

최소한의 연말 225

삶이라는 작품 229

'나이 듦'에 대하여 233

엄마에게 요리를 배워 보기로 했다 237

다시 찾은 놀이동산 241

아버지와 오로라 245

봄에는 죽음을 생각하는 것이 좋다 250

에필로그—다시, 이야기의 시작 253

제1장

다 똑같다는 말로부터
도망가기

나의 이력은 더 나은 단점,
가장 합이 맞는 단점을 찾아오는 여정이었다.

나의 일터는 어떤 환경이어야 할까?

나는 어디에서 더 행복할까?

책상 하나, 명함 한 장

일간지 지면에 칼럼을 연재한 지 어느덧 8년 차에 접어들었다. 매체 특성상 댓글을 통해 다양한 피드백을 마주하는데, 언젠가 '세상 사람들이 다 목걸이 걸고 출퇴근하는 직장인인 줄 아냐'는 비아냥을 들은 적 있다. 스스로가 '회사원'이다 보니 아무래도 출퇴근을 골자로 삶도 글도 전개될 수밖에 없는 탓이다. 속으로 항변한다. 어쩔 수 없다고. 그런 삶이 있듯 이런 삶도 있고, 고작 내가 모든 삶을 대변할 수는 없다고.

밥벌이의 형태가 꼭 '피고용'이 되어야 한다고 생각하지 않는다. 오히려 그 반대에 가깝다. 하지만 13년을 '목걸이 걸고 출퇴근하는 직장인'으로 살아오면서,

최소 '일'이라고 하면 반드시 갖췄으면 좋겠다고 생각하는 형태는 있다.

첫 번째는 책상. 아침 지하철의 번잡함을 뚫고 마침내 내 이름이 붙은 책상 앞에 앉는다. 모니터를 켜고 이런저런 뉴스를 훑으며 따뜻한 커피를 한 모금 마시면 묘한 안정감이 찾아든다. 뭐든 배우고 싶고, 뭐든 할 수 있을 것 같다. 그 기분이 좋아서 어쩌면 오늘도 출근을 한다. 내게 할당된 책상은 단순히 이 사회에 내 자리가 있음을 넘어, 직업인으로서의 정체성에 하나의 세계를 부여한다. 팔 한 폭 남짓한 좁디좁은 세계에서 몰입하고 좌절하고 인내하고 극복하며 나는 성장한다.

두 번째는 명함. 첫 명함의 설렘을 기억한다. 스무 살, 소위 '스펙 쌓기'의 일환으로 한 기업의 대학생 마케터로 활동했다. '객원 마케터'라 적힌 명함 한 장에 어른이 된 기분이었다. 기껏해야 한 달 짜리 체험 주제에 소속감과 사명감마저 느꼈다. 그때부터 살면서 가져 본 모든 명함을 지금까지 보관하고 있다. 명함은 비단 소통과 열없는 인정 욕구의 충족을 넘어, 사회인으로서 개인의 기능을 정의하고 사명을 부여한다. 그리

제1장
—다 똑같다는 말로부터 도망가기

고 그 변천사 행간에는 크고 작은 도전과 성취와 타협의 역사가 있다.

가끔씩 경력 단절의 두려움이 내게도 스친다. 멀게는 여전히 '여성 최초'를 수식으로 달거나 달지조차 못한 자리들이 생각보다 아주 많다는 것을 깨달을 때. 가깝게는 누구보다 일을 좋아하던 친구가 육아 때문에 마지못해 일을 그만둘 때. 애써 씩씩한 척하는 눈이 사실은 젖어 있을 때. 그때마다 가장 또렷하게 다가오는 시각적 공포는 더 이상 출근할 책상, 내밀 명함이 없다는 것이다. 어쩌면 은퇴한 아버지, 취업 준비하는 후배 모두가 같은 두려움을 품고 사는 건 아닐까.

그러다 최근 퇴사한 지 오래된 지인이 구직을 시작하며 직접 프리랜서 명함을 만들었다. 명함에 넣을 이미지와 문구, 직책을 고민하며 그는, 행복해 보였다. 고작 명함 하나 만들었을 뿐인데 다시 사회에 자리가 생긴 기분이라고 했다. 그날 나는 처음으로 회사명이 박혀 있지 않은 내 몫의 명함을 그려 보았다.

인생은 한 치 앞도 알 수 없기에, 당장 내년 내후년 내가 어디서 어떤 형태로 밥벌이를 하고 있을지는 확언할 수 없다. 그리고 사실 그렇기에 인생이 재미있다는 생각도 든다. 다만 한 가지 분명한 것은 '회사' 또는 누군가가 내어 준 공간, 쥐여 준 역할이 아니더라도 나는 나의 무대를, 배역을, 만들고 지켜 나갈 것이라는 믿음이다. 고작 책상 하나, 고작 명함 한 장이면 언제 어디서든 다시 시작할 수 있을 것이다. 나는, 우리는.

제1장
—다 똑같다는 말로부터 도망가기

속한 세계 너머에 대한 상상력

"야, 이 사람 완전 너 같아." 얼마 전 한 예능을 보고 친구들이 연락을 해 왔다. 아나운서 겸 작사가로 활동 중인 김수지 아나운서였다. "에이 무슨." 겸손한 척 손사래를 치고 입꼬리를 씰룩이며 영상을 찾아보았다. "너무 아름다우신데?", "아, 얼굴 말고."

두 개의 직업에 기댄 존재 방식이 비슷했다. 인터뷰 군데군데, 내 일기장을 들킨 것처럼 공감 가는 지점이 많았다. 그는 끊임없는 비교와 자존감 저하로부터 스스로를 지키기 위해 마음을 분산시킬 또 하나의 길을 찾았다고 한다. 그게 바로 어릴 적 꿈이었던 '작사가'였고, 이제 그에게 작사란 '자존감을 지켜 주는 방패

이자 두 세계를 지탱해 주는 힘'이다.

나 또한 스스로를 정의할 때 두 직업을 함께 나열하기를 선호한다. 소위 '본캐', '부캐'로 구분하던 시절도 있었지만 둘 중 어느 것도 '부'라 칭할 수 없는 삶의 일부가 된 지금은 그 경계가 모호하다. 애로 사항도 있다. 산업 리포트나 재무제표를 보다 칼럼 원고를 쓰려 창을 띄우면 머릿속이 하애진다. 쓰고 지우고를 반복하다 책 몇 권으로 워밍업을 하고 나서야 잠들어 있던 우뇌가 제 기능을 시작한다.

그럼에도 불구하고 두 개의 자아를 운용하는 데 있어서의 장점은 명확하다. 일이 고될 땐 시집으로, 글이 버거울 땐 리포트로 숨는다. 때로는 평가하지 않는 넉넉한 문장으로부터, 때로는 앞뒤가 같은 정확한 숫자로부터 그때그때 필요한 위로를 받는다. 뭣보다 든든한 것은 하나의 세계가 흔들릴지라도 또 다른 세계가 떠받치고 있다는 것이다. 어느 한 쪽에서의 성과가 실망스럽더라도 다른 한쪽이 받치고 있는 이상 크게 낙담하지 않는다.

물론 간혹 일도 글도 안 풀릴 때가 있으나 생각보

제1장
—다 똑같다는 말로부터 도망가기

다 나쁘지 않다. 뜬금없지만 학교 폭력이 무서운 이유는, 그땐 학교가 세상의 전부라는 점 때문이다. 교실 너머의 세상을 상상할 수 없기에 학교생활이 무너지면 존재가 무너진다. 세계가 분화되어 있다는 것은 단순히 속한 세계가 두 개임을 뜻하지 않는다. 제3, 제4의 세계에 대한 '상상력'을 지닐 수 있다는 것이다. 지금 발 디딘 세계가 무너지더라도 그다음을 기약할 수 있는 '효능감'을 가지고 있다는 것이다. '다중 자아'의 가장 큰 효용은 바로 여기에 있다. 아마, 모르긴 몰라도 김수지 아나운서도 마음이 동하지 않는 어느 날엔 제3, 제4의 자신을 기껍게 상상하고 찾아 나설 것이다.

요컨대, 속한 세계 너머에 대한 상상력. 직업의 개수가 도움은 될 수 있으나 절대적이진 않다. 보다 중요한 것은, 스스로를 둘러싼 관계, 역할, 고민으로부터 거리를 두고 저만치 앞서가 5년, 10년 뒤의 눈으로 지금의 나를 보고 그 협소함을 알아채는 일이다.

그때 그 교실이 세상의 전부가 아니었듯, 지금 그 일이 당신 세상의 전부가 아니다. 그땐 몰랐지만, 학교생활이 무너진다고 존재가 무너지는 것이 아니었듯,

지금 이 관계가 무너진다고 당신 존재가 무너지는 것은 아니다. 어쩌면 '직장인 부업'을 검색하기 전, 정작 우리에게 필요한 것은 오래된 교실을 벗어나는 이 작은 주문일지도 모르겠다.

제1장
—다 똑같다는 말로부터 도망가기

열일곱과 서른넷 사이

몇 해 전, 한 고등학교로부터 두 해 연속 강의 요청을 받았다. 글쓰기 수업을 곁들인 진로 특강이었다. 처음 연락을 받았을 때에는 잠시 망설였다. 내 진로도 모르겠는데 강의는 무슨? 그럼에도 불구하고 덜컥 승낙을 했던 것은 깨질 땐 깨지더라도 기회가 오면 일단 덥석 물고 보자는 스스로와의 약속 때문이었다. 깜냥에 대한 고민은 하지 않기로 했다. 그래야 뭐든 배우더라는 나름의 깨침이었다.

한 시간이 넘는 거리를 기꺼이 달려 경기도 모처의 학교에 닿았다. 한 번 와 봤다고 연고 없는 동네의 곳곳이 익숙하고 반가웠다. 진로 상담실에 들어서자 선생님이 반갑게 맞아 주셨다. "작년에 강의 평가 1등

하셨어요!", "그게 아무래도…." (대단한 성공기가 아닌) 조금 먼저 경험한 '언니'의 이야기라서 아닐까요, 겸손을 떨려다 말끝을 흐렸다. 어느덧 내 나이가 학생들의 두 배라는 것을 염치없이 그제야 인지했다.

내 진로도 미완인데 무슨 말을 해 줄까 하다 정한 주제는 '열일곱의 내게 해 주고 싶은 이야기'였다. 장래 희망이 곧 인생의 목표인 줄 알았던 시절, 하지만 아는 선택지라고는 의사, 변호사, 선생님, 작가 정도가 전부였던 시절이었다. 그리고 그 마저도 당장의 시험 점수에 급급해 좋아하는 음식 고르는 것 이상의 고민을 할 애하지 못했다. 답안지 제출하듯 장래희망란을 메우면서 불안했다. 이게 맞겠지?

하지만 짧은 세월이나마 겪어 보니 직업은 '꿈'이 아니었다. 꿈을 찾기 위해 혹은 이루기 위해 걸어온 길목 곳곳에 직업은 수단으로서 존재했으며, 때로는 바뀌기도 늘어나기도 했다. '진로'라는 것은 한 번 정하면 바꿀 수 없는 혹은 바꾸지 않아도 되는 어떤 것이 아니라, 성공과 실패를 반복하며 평생을 두고 진화하는 과정이었다. 그러니까, 당장 조급해하지 않아도 된다는 것, 하고 싶은 게 많아도 심지어 아직은 없어도 된다는 것 하나만큼은 꼭 말해 주고 싶었다. 적어도 나는 그런 어른이 필요했다.

두 시간에 걸친 강의를 마치고 흔쾌히 번호를 알려 줬다. 작게나마 도움이 되고 싶은 마음도 물론 있었지만 솔직하게는 후기를 듣고 싶은 사욕이 컸다. 그 밤, 많은 메시지를 받았다. 고마운 후기들에 각자의 고민이 덧대어 있었는데, 크게 두 단어로 요약됐다. 진로, 대인관계. 그 사연들을 읽어 나가는데 놀라우리만치 조금의 이질감도 느끼지 못했다. 이런저런 조언을 하는 대신 나는 나의 나약함을 공유했다. 저도 아직도 뭐가 될지 모르겠어요. 저도 여전히 사람이 어려워요. 그런데 그게, 원래 그런 건가 봐요. 그 무력함이 묘하게 위로가 됐다.

며칠 후, 교지편집부 친구가 인터뷰 질문을 보내 왔다. 그중 한 질문에 눈이 오래 머물렀다. '만약 다시 10대로 돌아간다면 같은 직업을 선택하실 건가요?' 글쎄, 여전히 정답은 모르겠지만 한 가지 확실한 건 '만약 다시 30대로 돌아간다면 같은 직업을 선택하실 건가요?'라는 질문을 언젠가는 받을 것이라는 것. 가르치러 갔다 배워 온다. 위안을 주러 갔다 얻어 온다. 열일곱이나 서른넷이나, 대체로 실패하고 종종 성공하며, 같이 잘 커 보자, 우리.

제1장
—다 똑같다는 말로부터 도망가기

프로페셔널과 감정

눈물이 많은 편이다. 우는 사람을 보면 덩달아 눈물이 난다. 드라마나 영화를 보다 보면 종종 '자, 지금부터 눈물 신입니다~'하는 의도가 너무 분명한 틀에 박힌 신파 장면이 나오는데, 입으로는 욕하면서도 눈은 이미 울고 있다. 숨기고 싶은 감정도 눈에 곧잘 티가 나 탄로 나고 만다. 태연한 척해도 흔들리는 동공, 꾹 참아도 차오르는 눈물…. 아니더라도 쓰지 않고는 못 배기는 성정이니, 애초에 감정을 숨기는 데에는 별반 재능이 없다.

사정이 이러하니 '회사에서 눈물 보이는 거 아니'라는 직장 생활 대원칙이 무색하게 나는 종종 울었다.

사회 초년생 때에는 아무래도 서러워서 운 일이 많았다. 공적인 자리에서의 모욕적인 언사, 비상식적인 업무 배정, 잘하고 싶은 욕심과 그 욕심을 따라오지 못하는 부족한 역량. 그럴 때마다 나는 입을 비죽이며 화장실로 향했다. 한참 뒤 퉁퉁 부은 눈으로 자리에 앉아 일을 하고 있으면 말없이 다가와 어깨를 두드려 주고 가는 손길에 또 코끝이 시큰해졌다. 어렸고 여렸다.

어느덧 그로부터 13년이 지났다. 쌓인 연차만큼 굳은살이 박이면서 억울해서, 화가 나서, 속상해서 나오는 눈물은 어느 정도 속으로 삭일 수 있게 되었다(고 믿는다). 반면 여전히 참기 힘든 쪽은 좋아서, 고마워서, 감동해서 흐르는 눈물이다. 가령 부당한 책망 앞에서는 오히려 (어색할지언정) 웃을 수 있지만, 책상 위 무심히 놓인 생일 선물, 퇴사하는 동료가 건넨 손 편지 앞에서는 미처 손쓸 새도 없이 눈물이 그렁 맺히고 만다.

직장에서 감정을 드러내는 사람에게 '아마추어'라고들 한다. 어떤 상황에서도 동요하지 않고 세련된 표정과 말투, 적당한 거리를 유지하는 '포커페이스'야말로 모두가 입을 모아 말하는 직장 생활 101이자 '프로페

제1장
─다 똑같다는 말로부터 도망가기

셔널'의 미덕이기에, 어떤 진심은 때때로 '나이브(naive)' 함으로 폄하되고 손가락질 받기도 한다. 어쩌면 내가 무능할 뿐, 그것이 역시 정답인지도 모르겠다.

그런데 해를 거듭하면서 느끼는 것은 결국 사회생활을 보다 덜 고되게 하는 것은 주고받는 마음들, 감정이라는 것이다. 13년째 출근 중이지만 여전히 철없는 낭만주의자의 세상 물정 모르는 감상일지도 모르지만, '일'을 좋아한다는 것은 결국 내가 몸담고 있는 '일터'를 좋아하는 것이고, 그렇다면 결국 함께 일하는 동료들을 좋아하는 것에서부터 시작할 수밖에 없다고 생각한다. 하루 대부분의 시간을 보내는 공간에 마음 주고받을 이 하나 없다면, 그건 너무 슬픈 일 아닐까.

조금 더 사회인의 언어로 계산을 더하자면, 그 '관계 마일리지'는 결국 업무와도 연관된다. "이거 왜 이렇게 하셨어요?" 격앙될 수 있는 일도, 서로의 사정을 알고 적절한 대화와 사과가 수반된다면 배려로 넘어갈 수 있다. 상대가 나를 좋아하게 하는 최고의 방법은 상대를 좋아하는 것이다. 동료가 나를 좋아하면 업무 능률이 올라가고, 그 동료가 나를 좋아하게 만드는 최고의 방법이 그 동료를 좋아하는 것이라면, 결국 누군가의 '나이브'한 진심은 경우에 따라 '프로페셔널'과 배치되지 않을지도 모른다. 결국 다 사람이 하는 일이기 때문이다.

13년째 열려 있는 눈물샘이 하루아침에 닫힐 일은 없기에 앞으로도 나는 종종 울겠지만, 그 대신 지칠 때 곁을 내어 주고 회사를 떠나서도 오래오래 보고 싶은 좋은 벗들을 얻었다. 나는 이 편이 훨씬 더 프로페셔널하다고 믿는다.

제1장
―다 똑같다는 말로부터 도망가기

나비 효과

"나도 첫 책 때는 그랬지." 올라오는 글마다 하트 세례를 퍼붓고 다니는 내게 출간 경험이 많은 선배가 말했다. 해시태그를 검색하던 손이 머쓱해졌다. 매월 발행되는 책의 수만큼 매월 첫 책을 내는 이도 많을 테니 사실 별스럽지 않은 일인데, 막상 나의 일이 되니 별스럽게 들떴다. 아침에 눈을 뜨면 서점 순위부터 확인했다. 수시로 책 제목을 검색하며 새로 올라온 글을 확인했다. 그렇게 휴대폰을 부여잡고 있다 보면 순식간에 하루가 지나갔다.

뒤이어 선배가 말했다. "책 한 권 낸다고 인생 안 바뀌더라." 순간 아차 싶었다. 당장 내가 해결해야 할 오늘 몫의 현실―이직―을 자각했다. 리뷰를 확인하던 창을 닫고 구직 사이트를 띄웠다.

세 번째 직장에 다니던 때였다. 변화와 성장에 목말라 있었지만 그 어떤 경력직 채용 공고를 보아도 가슴이 뛰지 않았다. 나열된 '직무 소개'가 익숙하다 못해 식상했지만 달리 떠올릴 수 있는 선택지도 없었다. '자격 요건'으로 한 번, '우대 사항'으로 한 번 필터링을 거쳐 허락된 것들이란 그러했다. 사회생활을 시작한 이래 맡아 온 업무들, 내려온 선택들이 엮어 낸 궤적을 벗어날 수 없는 것이었다. 뭐가 됐든 비슷비슷한 업계, 비슷비슷한 직무로의 이직은 더 이상 하지 않겠다는 막연한 다짐만 있을 뿐, 당장 하루치 선택들에 매몰되어 시간만 가고 답은 보이지 않았다.

혹자는 이참에 전업 작가로 전향하라 바람을 넣었지만 셈이 빠른 회사원은 알고 있었다. 금전적 관점에서라면, 선배 말마따나 고작 신인 작가의 고작 책 한 권은 인생은커녕, 오늘의 출근조차 바꿀 수 없었다.

그러나, 고작 그 책 한 권이 매개가 되어 오고 가는 마음이란 '고작'이 아니었다. 생활에 치여 멀어졌던 이

제1장
―다 똑같다는 말로부터 도망가기

들조차 수줍게 책 사진을 보내 오며 축하를 건넸다. 얼굴도 이름도 모르는 SNS 너머 생면부지 타인들은 시간과 마음을 들여 다정한 응원의 말들을 전해 왔다. 위로가 되었다는 말은 나를 위로했고, 응원하겠다는 말은 나 또한 그들의 행복을 간절히 기원하게 했다. 황홀하리만치 따스한 말들이 몸 곳곳으로 스며들어와, 용기로, 나아가 스스로에 대한 신뢰로 차츰 차올랐다.

그러던 어느 월요일 새벽, 예정보다 일찍 눈이 떠졌는데 도무지 잠이 오지 않았다. 곧게 누운 채 멀뚱히 천장만 바라보았다. 시간이 지날수록 몸은 피곤한데 정신은 그 어느 때보다 맑고 또렷해지는 것을 느꼈다. 몇 시간 뒤면 다가올 나의 한 주를 고요하게 관망했다. 늘 하고 싶은 게 많았기에 고민이 많았고, 후회가 두려워 선택을 주저했다. '내가 무슨.', '이미 늦었어.' 애매한 나이 뒤에 숨어 도전하기도 전에 포기했던 목표를 그 새벽 다시 떠올렸다. 궤적을 벗어나 보기로 했다. 사직서를 제출했다.

마음을 다한 생의 순간순간은 인생을 바꾼다. 작게는 오늘 나의 기분부터 내일 나의 역할까지. 하나하나가 작은 날갯짓을 이루어 다가올 바람을 빚어 나간다. 그리고 그 과정에서 다정한 타인의 따스한 침범이란, 이토록 힘이 세다. 그런 관점에서라면, 선배가 틀렸다. 고작 책 한 권 내는 것으로도, 아니 고작 그 무엇으로라도 인생은 바뀌기도 한다. 그리고 그 변화의 시발점이 되는 날갯짓이란 상상 이상으로 사소한 것일 수도 있는 것이다. 가령, '당신을 응원한다'는 말 한마디처럼.

제1장
—다 똑같다는 말로부터 도망가기

무대책의 대책
- 그해 퇴사가 내게 남긴 것

모든 것은 51:49의 싸움이다. 헷갈릴 땐 1%라도 더 마음이 끌리는 방향으로 가는 수밖에 없다. 결국 그 1%의 누적이 모여 삶의 모양을 만들어 나간다. 무라카미 하루키는 어느 날 야구를 보다가 문득 소설가가 되기로 결심했다던가. 때로는 아무것도 아닌 일상 속에서 불현듯 큰 결단이 끼쳐 오기도 한다. 1%의 격차가 돌연 선명해지는 순간. 계산과는 무관하게 결과가 어떻든 지르지 않으면 무조건 후회하리라는 확신 같은 것. 그 새벽의 퇴사 결심이 내게는 그러했다.

그 확신이 증발하기라도 할까 출근하자마자 사직서를 제출했다. 갑작스러운 퇴사 통보에 모두가 당황했고, '그래서 어디를 가느냐' 물어 왔지만 멋쩍게 웃어 넘겼다. 이직할 곳의 연봉 협상까지 마치고 퇴사를 오픈하는 것이 정답처럼 여겨져 왔으니 당연한 반응이었다. 대책은 없었지만 충동은 아니었다. 해를 넘기도록 한 방울씩 차오르던 물이 그날 넘쳐흐른 것에 가까웠다.

백수가 되자 두려웠지만 생각과는 달리 해방감이 더 크게 다가왔다. 늘 대책이 있는 삶만 살아왔다. 이 줄을 잡은 채 저 줄을 함께 잡았다. 행여 놓칠까 노심초사했던 줄을 자발적으로 놓아 버리자 강해진 느낌마저 들었다. 손에 쥔 것이 없으니 무엇이든 담을 수 있다는 생각에 가슴이 두근거렸다. 뭣보다 당장의 출근에서 삶으로 고민의 추가 옮겨 가는 것만으로도 시야가 넓어진 기분이었다. 하루 최소 8시간, 몸뿐 아니라 마음도 종속돼 있었다는 것을 깨달았다.

매일 아침 헬스장에 갔고 밤마다 부지런히 달렸다. 삶 전체를 조망하자 매번 출퇴근길 나를 괴롭혔던 갈증이 조금씩 구체화됐다. 일면식도 없던 다양한 이들로부터 조언을 구했고, 치열하게 고민하고 공부해 늦다면 늦은 나이 새로운 업계에 입문했다.

제1장
―다 똑같다는 말로부터 도망가기

고작 반년 남짓한 시간이었지만, 이후 내겐 몇 가지 불가역적인 감각이 남았다. 필요하다면 언제든 다시 스스로에게 시간을 부여할 수 있다는 주체적 감각, 어떤 상황에서도 어떤 형태로든 마침내 길을 찾아갈 것이라는 스스로에 대한 신뢰가 출근을 마지못해 하는 것이 아니라 '선택'해 하게 했다. 언제든 헤어질 수 있다는 감각이 마지못해 사는 것이 아니라 사랑해서 살게 하는 것처럼. 회사 바깥의 시야라는 '제3의 눈'이 생긴 것 같았다. 곧 죽을 것처럼 괴롭던 일도, 사람도, 그 눈으로 거리를 두고 보면 새삼 별것 아닌 것이 되었다.

대책 없는 퇴사를 대책 없이 종용하고 싶진 않지만 생각한다. 가끔은 대책이 없어도 되는 것 아닌가. 아니, 없어야 하는 것 아닌가. 손에 쥔 것들을 놓지 않은 채 얻을 수 있는 것들이란 극히 제한적이므로. 그렇게 내놓은 답안들은 대개 관성적이라 안전하고 무난한 것들 일색이므로. 손에 쥔 것이 없을 때 비로소 명확해지는 것들, 눈에 보이는 것들이 있다. 앞서 찍은 점들이 이루는 궤적을 끊어 냈을 때 마침내 떠올릴 수 있는 새로운 그림이, 선택지들이 있다.

만일 그해, 그 어떤 조직으로도 옮겨 가지 못했다면 어땠을까. 그건 아마 그런대로 괜찮았을 것이다. 어떤 결정을 하건 인생에 생각보다 '큰일'은 일어나지 않고, 분명 또 새로운 길을 찾았을 테니까. 어쩌면 그게 지금보다 훨씬 더 흥미로운 도전이 되었을지도 모르는 일이다. 언제나, 가장 쉬운 것은 안주하는 것이다. 이 때문에 때로는 도망이 도전일 때가 있다. 무대책의 용기가 대책일 때가 있다. 어쩌면 그러한 단절과 변주가 뻔한 인생의 극적 재미 아닐까.

제1장
―다 똑같다는 말로부터 도망가기

'다 똑같다'는 말로부터 도망가기

동경하던 언니가 있었다. 똑똑하고 상냥한 데다 패션 센스까지 갖춘 K는 이른 20대 내 선망의 대상이었다. 시간이 흘러 어엿한 직장인이 된 그는 맛있는 밥을 사주겠다며 신촌의 한 파스타집으로 나를 불렀다. "회사에 출근하면 하루 종일 컴퓨터 앞에 앉아서 도대체 뭘 하는 거예요?" 진심으로 그런 게 궁금하던 시절이었다. K는 귀엽다는 듯 입사 6개월 차의 내공을 마구 뿜냈고, 나는 먹는 둥 마는 둥 눈을 반짝이며 귀를 기울였다.

대화 말미 K가 사회인의 표정으로 덧붙였다. "자아실현은 회사에서 하는 게 아니야. 회사에서 번 돈으로 회사 밖에서 하는 거지." '아~' 하고 탄성이 터져 나왔다. 자아실현의 거의 유일한 방편으로 업종을, 회사를, 직무를 고민하던 시절이었다. 열심히 읽고 있던 책의 허무주의적 결말을 스포일러 당한 기분, 은밀하고 어두운 세상의 단면을 준비 없이 알게 된 기분이었다. 그것이 정답이고 사회생활의 진리 명제인 줄로만 알았다.

이후 십여 년, 이는 다른 듯 비슷한 표현들로 반복 강화되었다. "밥벌이가 다 그렇지 뭐.", "회사 다 똑같아." 염세와 회의는 힘이 셌고 대체로 무리의 분위기를 지배했다. 반대를 말하는 사람은 애초부터 나와는 다른 존재이거나 세상 물정을 모르는 경우였다. 회사 탕비실에서, 메신저 대화방에서, 사회생활의 덧없음은 입에 입을 타고 대물림되었다. 이제 와 돌아보니 그때 K의 표정과 말도 필시 선배 중 누군가의 것을 물려받은 것이었다.

하지만 일과 중 반 이상이 수단으로써만 존재하는 죽은 시간이라면 나는 도무지 행복할 자신이 없다. 밥벌이를 좋아하고 싶다. 바꿔 말하면 좋아할 수 있는 곳에서 좋아할 수 있는 일을 하고 싶다. 아무리 '밥벌이가 다 그렇'다고 할지라도, 조금 덜 비관적이고 싶고 조금 더 자아 실현에 가까운 일을 하고 싶다. 물론 세상에 완벽한 직장, 완벽한 일은 없기에, 나의 이력은 더 나은 단점, 가장 합이 맞는 단점을 찾아오는 여정이었다. 어쩌면 최근의 높은 이직률도 이렇듯 더 사랑하고 싶은 마음의 발로는 아닐까.

"절이 싫으면 중이 떠나야지." 과거 한 상사가 사내 문화 개선 요구를 묵살하며 덧붙인 말인데, 당시에는 분했지만 냉정하게 짚어 보건대 틀린 말도 아니다. 절이 '너무' 싫은 중은 떠난다. 나 역시 그랬고, 앞으로도 그럴 것이다. 다만, 머무는 동안에는 치열하게 좋아해 보고 싶다. 염세와 회의 뒤에 숨지 않고, 변화하거나 변화시키면서 마음을 쏟아 보고 싶다. 그것이 스스로의 선택에 대한 최소한의 예의이자 성장의 동력이라고 믿는다.

그리하여 사회생활이란 어떤 것이냐고 물어 오는 후배에게 말해 주고 싶다. 밥벌이는 결코 다 같지 않다고. 물론 사람에 따라 상황에 따라 기준은 천차만별이니 자아 실현이 꼭 그 척도가 될 수는 없지만, 최소한 '다 똑같다'는 말로 변화로부터 도망가지는 말자고. 그

것이 파랑새를 쫓는 또 다른 도망의 변명이 되어서는 안 되겠지만, 뭐가 됐든 지금 만족스럽지 않다면 변화가 필요하다. 그게 일터이든 나 자신이든. 그것만이 지금껏 내가 찾은 유일한 명제다.

제1장
―다 똑같다는 말로부터 도망가기

제2장

돈 없이 행복할 수 있을까

안타깝게도 어떤 불행은
마음을 고치는 것만으론 해소되지 않는다.

나에게 일이란 어떤 의미일까?

어떻게 벌고 쓰고 싶은가?

행복과 성취 사이

전작 《행복해지려는 관성》을 출간할 때 가장 두려웠던 것은 '오해'였다. 고작 ○○로도 행복해질 수 있다는 것이, 오늘의 소소한 행복들에 감도가 높다는 것이, 크고 작은 성취에 대한 나의 욕심을 감추려는 거짓말처럼 들릴까 봐.

대우도 나쁘지 않고 시간 여유도 있지만 업무적으로 만족스럽지 않은 직장을 다니던 때가 있었다. 태스크는 모호했고, 난이도는 낮았으며, 프로세스는 지난했다. 이전 직장 같으면 이틀이면 처리할 일에 두 달이 걸렸고, 출근 후 반나절이면 그날 몫의 업무가 끝났다. 외부 시각으로만 보면 소위 '꿀 직장'인 셈이었다. 친구들은 말했다. "야, 너무 부러워. 자리 없냐?"

그러나 나는 행복하지 않았다. 아니 정확하게는, 불행했다. 돈을 받고 시간을 파는 수치, 성취 없는 소모의 날들이었다. 퇴근 후와 주말을 활용해 스스로에게 맛있는 음식을 찾아 먹이고, 달리기를 하고, 일기를 쓰고, 마음 맞는 사람들과 술잔을 기울이며 달래도 봤다. 그때마다 잠깐씩 행복했지만 근원적으로 불행했다. 임시방편의 행복이었다. 자연스럽게 주변에 하소연하는 날들도 늘었다.

이 때문에 글과 일터 양쪽에서 나를 접한 경우 더러 무례하게 물어 오곤 했다. "뭐가 진짜 모습이에요?" 그때마다 나는 거짓말을 들키기라도 한 것처럼 얼굴을 붉히며 얼버무렸다. 《행복해지려는 관성》이라는 내 책의 제목이 정서적 순결을 강요하는 낙인처럼 무거웠고, 잠시나마 실재했던 소소한 행복들이 위선처럼 느껴졌다. 쥐고 있는 것들에 만족하지 못하고 끊임없이 새로운 것을 좇는 스스로의 모습에 죄책감마저 일었다.

결국 나는 새로운 일을 찾았다. 그리고 그 과정에서 한 가지 분명히 깨달은 것이 있다. 나는 퇴근길 곰

탕에 소주 한 잔으로도 행복해질 수 있는 사람이지만, '일', 정확하게는 성장 욕구가 충족되지 않으면 본질적으로 만족할 수 없는 유형의 인간이었다. 생의 대부분을 차지하는 출근과 퇴근 사이 시간이 단순히 밥벌이 수단이 아닌 성장의 과정이기를 바랐고, 피용인으로서도 스스로의 쓰임새와 그 가치를 바로 찾고 싶었다.

"난 '소확행'이라는 말 싫어. 꼭 작은 거에만 만족하라는 말 같잖아." 오래전 친한 선배가 했던 말인데, 그 뜻이 뒤늦게 다른 의미로 와닿았다. 오늘의 작은 행복들을 성실히 추구하는 것이 꼭 현재에 만족함을 의미하진 않았다. 오히려 만족스럽지 않은 현실을 버티게 해 주는 방책에 가까웠다. 물론 완벽한 현실이란 있을 수 없으므로, 삶을 살아 내기에 유리한 기질임은 틀림없다. 하지만 그렇다고 한들, 삶의 행로를 결정짓는 굵직한 성취들에 마냥 초연할 수 있을까.

소소한 것에 행복을 느끼지만 그 너머의 것도 바란다. 돈 없이도 행복할 수 있지만 가능하면 많이 벌고 싶고, 뭣보다 오래 일하고 싶다, 내 책상과 명함, 전문성과 자부심을 가지고. 그러니까 내게는, 퇴근길 곰탕에 소주 한 잔만큼 경력도 연봉도 중요하다. 스스로의 만족뿐만 아니라 사회에서의 평가도 중요하고, 오늘의 행복만큼 내일의 욕망도 소중하다.

오늘을 사랑하는 것이 내일을 욕망하지 않음이 아니듯, 내일을 욕망하는 것이 오늘을 사랑하지 않음이 아니다. 때때로 스스로의 욕망에 치여 좌절하더라도, 사소한 행복들로 달래고 채우며 끊임없이 새로운 목표와 성취를 좇고 싶다. 그리하여 머리가 하얗게 센 할머니가 돼서도 맑간 눈으로 아침마다 어딘가를, 무언가를 향해 부지런히 몸과 마음을 움직이리라. 향 좋은 커피 한 잔에 손쉽게 행복해지더라도, 더 나은 대우, 더 단단한 자부심을 끊임없이 밝히고 욕망하리라.

만일 누군가 다시 내게 '뭐가 진짜 모습'이냐는 무례한 질문을 던진다면, 이번엔 당황하지 않고 답할 것이다. 커피 한 잔에 행복해질 수 있는 사람이지만 '성공'하고 싶다고. 물론 성공의 정의는 제각각이므로 언젠가는 그 기준이 덜 세속적인 영역에 있을지도 모르겠지만, 내 경우 아직까진 통상의 그것과 다르지 않으며 이제 나는 그 사실을 부끄러워하지도 죄스러워하지

제2장
—돈 없이 행복할 수 있을까

도 않기로 했다고. 어쩌면 그 욕망을 부정하는 것이 더 큰 위선 아니겠냐고.

돈 없이 행복할 수 있을까

종종 지금 나를 가장 기쁘게 할 '거리'를 고민한다. 무료한 일상에 대한 처방으로, 소소한 성취에 대한 포상으로, 때론 그저 기대가 주는 위안으로. 이 글을 쓰고 있는 지금을 기준으로는 언니, 동생과 해외 여행을 가고 싶다. 그리고 지금 나의 티케팅을 가로막는 것은 서로의 사정이지 최소 '돈'은 아니다. 일정만 맞출 수 있다면 멀리는 못 가더라도 함께 날아가 맛있는 삼시 세끼 정도는 먹을 수 있으니 이 정도면 충분하다는 생각도 든다.

    스물셋, 동경하던 외국계 회사의 인턴으로 사회에 첫 발을 디딘 지 13년이 지났다. 2, 30년은 거뜬한 선배

님들에 비하면 귀여운 수준이지만, 치열했던 공채 입사 이후 분사, 이직, 무계획 퇴사, 전직, M&A 등 피용인으로서 접할 수 있는 다양한 이벤트들을 겪어 오며 어느덧 정규직 기준 네 번째 일터에 재직 중이다.

투자 일을 하고 있지만 사실 나는 그다지 '돈'에 가까운 사람은 아니었다. '돈은 따라오는 것이지 목적이 되면 안 된다'는 어디선가 주워들은 말로 돈에 대한 스스로의 무관심을 정당화했고, 연봉 계약 시즌이면 그런 건 중요하지 않다는 듯 제대로 된 질의 한 번 없이 쉽게 쉽게 사인하곤 했다. 다행히 그 어리석음을 깨닫기까지 그리 긴 시간이 걸리지는 않았다. 안일했던 믿음의 대가로 밥그릇 챙기는 법을 배웠다.

앞서 '돈 없이도 행복할 수 있지만 가능하면 많이 벌고 싶'다고 썼지만 솔직하게는 잘 모르겠다. 돈 없이도 행복할 수 있는 건가? 얼마나 없이?

마흔을 예습하며 여실히 깨닫는 점. 돈이 있어야만 행복할 수 있는 것은 아니지만, 돈이 있어야만 알 수 있는 행복도, 피할 수 있는 불행도 세상에는 분명히 존재한다. 돈이 제공하는 기회와 경험, 심지어는 매개할 수 있는 마음까지, 그 편의를 이제는 너무 잘 알고 있다. 더군다나 내가 좋아하는 단어 '낭만', '취향', '배려'는 특히 값이 비싸다.

내일 훌쩍 떠나려면 비싼 티켓값을 감수해야 하고, 늦은 퇴근길 목 좋은 곳에서 혼술이라도 하려면 2인분은 너끈히 시켜 줘야 환대받을 수 있다. 게스트하우스를 좋아하지만, 때론 5성급 호텔의 안락함도 무리 없이 즐기고 싶고, 떡볶이와 소주만큼 오마카세와 위스키도 좋다는 것을 경험치로 안다. 그뿐인가. 때로는 열 번의 말보다 한 번의 선물이 더 분명하게 마음을 전한다. 단 한 번도 "내가 계산할게" 나서지 않는 상대에 대한 서운함, 생각보다 많은 축의금을 보내 온 이에 대한 고마움은 명백히 관계를 재정립한다.

연봉이 곧 나의 '존재 가치'는 아니지만, 연봉이 증명하는 나의 '시장 가치'는 자본주의 사회에 실재한다. 냉혹하지만 그것은 곧 앞으로 내가 할 수 있는 경험, 어쩌면 누리게 될 행복의 종류를 경계 짓는 숫자일지도 모른다. 그러므로 부정하지 않기로 한다. 나는, 많이 벌고 싶다. 다시 말해, 많은 종류의 행복을 직접 경험하고

제2장
―돈 없이 행복할 수 있을까

내게 맞는 것을 '가능' 여부가 아닌 '의지'로 선택하고 싶다. 정도의 차이일 뿐 마냥 자유로울 수 있는 이가 있을까.

    그러니까, 지금 나를 불행하게 하는 것이 돈, 혹은 그 유사한 결의 '욕망'이라면, 필요한 것은 무조건적인 위로나 긍정으로의 도피가 아닌 '대책'이다. 단편적 '힐링'은 휘발성이 강하다. 성장도 대우도 불만족스러운 일터에서의 무기력한 퇴근길, 맛있는 반주 끝에 새 이력서가 있어야 하는 이유, 쉽게 쉽게 사인하던 연봉 계약서 앞에서 한 번 더 생각해 보아야 할 이유이다. 안타깝게도 어떤 불행은 마음을 고치는 것만으론 해소되지 않는다. 그런데 일단, 나부터 잘하고….

어떻게 벌 것인가

"확실히 돈이 잘 안 모이네요." 미팅차 만난 스타트업 대표님이 한숨을 내쉬었다. 조심스럽기는 투자자 쪽도 마찬가지여서 같이 한숨으로 응수할 수밖에 없었다.

경기가 심상치 않다. 실리콘밸리의 액셀러레이터(주로 초기 스타트업을 대상으로 자금, 멘토링 등을 제공하는 투자 기관) '와이콤비네이터'는 기업들에게 비용을 줄이고 '런웨이'(생존 기간)를 늘리라고 경고했다(2022년 5월). 대기업조차 해고와 고용 축소 등으로 월동을 준비하고 있다. 'IMF 외환위기 이후 최악' 수식이 뉴스 곳곳을 장식하는 요즈음, 기껏해야 사회생활 10년 언저리인 나와 또래들이 경험해 본 적 없는 세상인 것만은 분명하다.

제2장
—돈 없이 행복할 수 있을까

그래서인지 근래 친구들은 모였다 하면 신세한탄이다. 프리랜서 친구, 스타트업 친구, 대기업 친구 너나 할 것 없다. "그래서 넌 얼마 잃었어?" 시퍼런 상처만 남은 주식과 코인을 안주로 오늘도 '불행 올림픽'이 열렸다. 한 친구는 관련 앱을 모두 지워 버렸다고 했다. 소주 반 병씩을 비우고 '아, 출근하기 싫다' 말과는 달리, 내일의 출근을 위해 착실하게 각자 버스에 몸을 실었다. 그 와중에 요즘 일이 안 들어온다는 프리랜서 친구는 '아, 다시 출근하고 싶다'를 웃프게 외쳤다.

귀갓길, '밥벌이' 세 글자를 읊조리다 뜬금없이 오래전 기억이 떠올랐다. 2013년 배낭여행, 파리의 한 게스트 하우스. 사정없이 문을 두드리는 소리에 한밤중 잠에서 깼다. "아니, 문을 왜 이렇게 늦게 열어요?" 사장님이 문을 열기 무섭게 새된 소리가 집 안 가득 울려 퍼졌다. 상의도 없이 오밤중 체크인을 하러 온 대학생 일행은 문을 늦게 열었다는 사실에 분노해 환불을 요구하고 있었다. 그는 실랑이하기도 지친 듯 지폐 몇 장씩을 손에 쥐어 주고 돌려보냈다.

후에야 알았는데 그 달이 그 게스트 하우스의 마

지막 영업이었다. 게스트 하우스 운영에 대한 낭만을 품고 호기롭게 파리에 정착했던 부부는 하루하루 지쳐 갔다. 기껏해야 1박에 몇만 원가량의 게스트 하우스 숙박비는 그들이 감당해야 하는 불합리에 비해 턱없이 저렴했다. "사람이 좋아 시작한 일이었는데…." 그는 고향으로 돌아가겠다는 말을 꼭 실향민의 표정으로 했다. 그 밤, 나는 오랜 기간 품어 온 게스트 하우스 운영의 로망을 버렸다.

경기 침체의 상흔 앞에서 불현듯 오래전 일을 떠올린 것은 그 밤 게스트 하우스 사장님의 지친 표정이 스타트업 대표님의 망연한 표정, 친구들의 씁쓸한 표정과 묘하게 겹쳐졌기 때문이다. 전에 없이 체감하는 생존의 무게. 때맞춰 식사하듯 반복하는 출퇴근, 게임하듯 휩쓸려도 축제 같았던 상승장은 그 무게를 잊게 했다. 벌이의 방식보다는 결괏값에, '누가 얼마를 벌었다더라' 하는 총액에만 관심을 쏟게 됐다.

벌이의 방식이 존재의 양식을 규정한다. '어떻게 살 것인가'라는 원대한 질문을 구체화하면 결국 '어떻게 벌 것인가'라는 질문과 크게 다르지 않을 것이다. 급여생활자가 자영업자가 되고, 프리랜서가 급여생활자가 되고. 많은 이들이 생존을 위해 존재 방식을 바꾸거나 위협받는 격동의 시기, 그 무게, '밥벌이의 진중함'을 무겁게 곱씹는다. 그 해 다른 방식을 찾아 떠났던 게스트 하우스 사장님은 좀 더 편안해지셨을까. 부디 그러길, 간절히 바랄 따름이다.

'내돈내산' 일일 아르바이트

서점 아르바이트를 하고 왔다. 무려 돈을 내고. 정확하게는 '서점 운영 체험'이랄까.

가뜩이나 서점이 자생하기 어려운 시대, 수요층이 제한적인 독립 출판물을 다루는 곳은 더욱 그러하다. 강연, 카페 등을 접목해 수익성을 도모하는 것이 일반적인데, 갓 오픈한 이곳은 독특한 기획을 내놓았다. 이름하여 '일일 책방 지기'.

일정 금액을 내고 오전에는 서점 전체를 서재처럼 쓰며 '북케이션(book+vacation)'을 하고 오후에는 책을 판다. 책에 둘러싸인 멋진 공간을 독채로 대관하는 것만으로도 황홀한데 일일 책방 지기라니. 애서가라면 한 번쯤 꿈꿔 봄직한 '책방 주인'의 로망을 하루나마 실현해 볼 기회였다. '나만의 큐레이션으로 서가를 꾸미고 음악을 선곡해 손님을 받는다.' 간단해 보이지만 막상 신청하고 하니 걱정이 앞섰다. 그런 내게 사장님은 말했다. "무지 쉬워요. 책방 지기의 일은 주로 기다림이에요." 나는 답했다. 그건 자신 있다고.

오랜만에 찾은 독립 서점의 분위기가 무척 반가웠다. 기성 서점에서는 만나볼 수 없는 사소하고 다양한, 정제되지 않은 날것의 이야기들. 상대적으로 '판매'보다는 '물성' 그 자체를 목적으로 하는 책들.

알고 보니 내가 1호 책방 지기였다. 시간 맞춰 문을 열고 SNS에 홍보 게시물을 올렸다. 음악도 추천 도서도 부랴부랴 구색을 갖춰 놓았는데 손님은 오지 않았다. 한 시간 반이 지나서야 계단 오르는 소리가 들렸다. "어서 오세요!"

오고 가는 기척에 귀를 기울이고 불편하지 않게 말을 건네거나 건네지 않았다. 가격표가 붙어 있지 않은 책에 당황하기도, 오래 만지다 구매 없이 떠나는 손님에 실망하기도 했다. 몇몇과는 가볍게 담소도 나누었다. '책방 주인'으로 오해받는 일이 내심 즐거워 끝에 이르러서야 이실직고하곤 했다. "실은 저도 손님이에요."

그날 아침, 문을 나서는데 남편이 말했었다. "무슨 아르바이트를 돈을 내고 해?" 놀랍게도 그전까진 마냥 신난 나머지 그런 발상조차 해 보지 못했다. 기획의 힘이었다. 그리고 생각했다. 어떤 일일 아르바이트는 돈을 내고라도 하고 싶다고.

어느덧 30대 중반, 갈수록 다른 직업 세계에 대한 기회도 상상력도 빈약해진다. 지나온 삶의 궤적이 다음 선택지를 재단하기 때문이다. 그 밖의 것들을 알아보기 위해서는 대개 그 경로를 이탈해야 하는데, 치러야 할 기회비용은 날로 커져만 간다.

책과 방송, 인터뷰 같은 간접 체험만으로는 한계가 있다. 그러나 어지간한 확신이 있지 않고서는 이미 확보한 선택지를 접어 두고 달려들기란 쉽지 않다. 대체로 정기성을 띠는 아르바이트에 도전하는 것도 사실은 퍽 부담스러운 일이다. 물론 고작 '체험'으로 적성 여부를 판단하기에는 무리가 있지만, 고작 '체험'이 아니라면 평생 가늠조차 못할지도 모른다. 그러므로 일

제2장
—돈 없이 행복할 수 있을까

일 게스트 하우스 사장, 일일 기자, 일일 라디오 PD 같은 것들을 나는 실없이 꿈꾼다.

친구들과 우스갯소리로 이야기한다. 시간을 돌리면 무얼 하고 싶냐고. 나는 더 다양한 아르바이트와 인턴십을 경험해 볼 것이라 답한다. 제일 효율적인(시간당 벌이가 좋은), 효과적인('스펙'에 도움이 되는) 것만 선별한 경험 말고, 지금은 지척에도 닿을 수 없는 세계의 직업들을 얕게나마 넓게 기웃거려 볼 것이라고. 취직만 하면 올 줄 알았던 '맘껏 낭비할 수 있는 시간'은 영영 오지 않는다는 것을 이제는 알기 때문이다.

6시, 서점 문을 닫으며 사장님께 메시지를 남겼더니 답이 왔다. '오마이갓! 책을 엄청 많이 파셨네요! 우수 책방 지기시라 다음에 꼭 또 뵙고 싶어요.' 생각보다 나쁘지 않은 데뷔였나 보다.

나의 사이드잡 연대기

"그래서 뭐가 제일 짭짤했어요?" '사이드잡' 얘기에 후배들이 눈을 반짝이며 묻는다. "그을쎄에…." 나는 말끝을 흐린다. 아무에게도 알려 주고 싶지 않은 비법 같은 게 있어서가 아니라, 진짜로 잘 모르겠어서.

호기심이 많고 배우기를 즐기는 편이라 궁금한 게 있으면 일단 해보는 편이다. 오죽하면 한때는 취미가 '클래스 플랫폼' 구경이었을까. 전시된 강의명들을 보면 메뉴판을 보는 것처럼 가슴이 뛰었다. 배운 것 중 떠오르는 것만 해도 디자인, 골프, 기타, 보컬, 와인, NFT(Non-Fungible Token) 등 나열도 어렵다. 대부분의 경우 동력은 안으로부터 온다. 단적으로 큐레이터 필기시험을 본 적이 있다. 실무 경력이 없으면 어차피 자격증 발급이 안 되기 때문에 보나 마나 한 시험이었지만, 내겐 배움을 정리하는 과정과 응시라는 매듭 자체가 의미를 지녔다.

하지만, 일부는 실제로 '벌이'에 보탬이 되다 보니 소위 '사이드잡'으로 분류되곤 하는데, 적게나마 통장에 찍히는 숫자들을 보면 '혹시나'하는 기대가 이는 것도 사실이다. 대표적으로 몇몇 크리에이터들을 필두로 '스마트스토어'가 인생 역전의 아이템으로 설파될 때, 그 대열에 합류했다. 첫 주문의 흥분을 아직도 잊지 못한다. 시스템을 이해해 보고자 하는 마음이 컸지만, 늘어가는 주문량을 보며 '대박'의 꿈을 꾸기도 했다. 꽤 오랜 기간 매일 몇 건씩의 주문이 이어졌지만 그뿐이었다. 벌이보다 귀찮음이 더 커졌을 때, 운영을 중단했다.

이어 '웹소설'이 부수입으로 주목받던 때, 나는 관련 업계에 있었다. 어떤 작품이 돈이 되는지 알고 있었고, 이제와 하는 말이지만 조용히 연재를 시작했다. 무료 회차의 랭킹은 나쁘지 않았지만 수입은 기대 이하였다. 뭣보다 꾸준히 연재를 해 나가는 것은 '사이드잡'으로서는 생각보다 많은 공력을 필요로 하는 일이었다. 결국 중간에 '일신상의 이유'로 연재를 중단했다. 공수를 덜 들이고 대박을 내겠다는 마음은 여기서도 역시 통하지 않았다.

물론 개중에도 꾸준히 이어진 것이 있었으니 바로 글쓰기이다. 스스로를 달랠 요량으로 쓰기 시작했던 글이 독립출판으로, 각종 칼럼으로, 출간으로 이어져 현재에 이르렀다. 재밌는 것은 글로 돈을 벌겠다는 생각은 감히 해 본 적이 없다는 것이다. 풀어 놓지 않고는 못 배길 만큼 아끼고 좋아했을 뿐. 좋아하는 만큼 오랜 시간을 공들여 임했을 뿐. '부업'으로 시작한 것은 그조차 못 되었고, 마음을 다해 욕심 없이 임한 것은 두 번째 '본업'으로 남았다.

각종 미디어에서 근래 자주 쓰이는 말 중에 '본업 천재'가 있다. 그림 같은 아이돌이 예능에 나와 미처 알지 못했던 우스꽝스러운 매력을 발산할 때 대중은 호감을 갖지만, 우스꽝스러운 콘셉트로 흥미를 끈 잘 몰랐던 가수가 무대 위에서 진지하게 본업으로 빛날 때 우리는 존경을 표한다. 그들의 '본업 천재 모먼트'를 보며 다시금 깨닫는다. 경외의 마음으로 맡은 바에 임하는 이의 표정이, 자세가 얼마나 아름다운지.

어떤 이는 본업을 부업처럼 하고, 어떤 이는 부업을 본업보다 사랑한다. 본업과 부업을 가르는 기준은 단순히 벌이의 크기만이 아닐지도 모르겠다.

무쓸모의 쓸모

한동안 '무쓸모 선물'이 유행했다. 말 그대로 쓸모없는 선물을 주고받는 것인데, '2만 원 미만 무쓸모 선물 교환식'과 같이 미리 가이드를 주고 서로 준비해 오는 식이다. 내용물을 보면 통닭 모자, 소주 디스펜서와 같이 내 돈 주고는 안 살 것 같은 소위 '병맛' 선물들이 많다. 송년회 때 몇 번 해 보았는데, 선물을 고르고 주고받는 일련의 과정이 흡사 하나의 놀이 같았다. 통상 받는 이의 취향과 필요를 우선적으로 고려하는 것과 달리, 무쓸모 선물은 자리한 이들에게 한바탕 웃음을 주는 것으로 그 소임을 다한다. 신중할 필요도 없다. 추구해야 할 가치가 오로지 재미라는 점이 묘하게 설레기까지

한다. 비실용성이 주는 해방감, '무쓸모'의 '쓸모'다.

무쓸모의 쓸모는 여기서 그치지 않는다. 이제는 식상할 정도로 널리 알려진 구글의 근무 문화로 '20% 타임제'가 있다. 모든 구성원이 업무 시간의 20%를 원하는 업무에 쓸 수 있도록 하는 제도로, 기존 업무와 무관하지만 해 보고 싶은 창의적인 프로젝트에 대해 정기 미팅에서 발표하고 동료를 모집하면 된다. 이제는 쓸모 있다 못해 필요 불가결해진 서비스들조차 이 프로젝트의 일환으로 시작되었다. 비실용성이 주는 해방감이 보다 자유로운 아이데이션과 시도를 가능케 하며 다양한 신사업으로의 확장에 기여하고 있는 것이다.

삶이라고 다를까. 비슷한 마음으로, 매년 최소 한 가지 이상의 '놀이'를 목표로 해 오고 있다. 별다른 용처가 없는 온전히 감정적 효용만을 위한 활동을 나는 놀이로 정의한다. 2017년부터 시작해 벌써 10년이 다 되어가는데, '벼락치기'에 익숙한 본연의 한계로 주로 11월과 12월에 밀집해 있다. 20대의 마지막 해에는 민망함을 무릅쓰고 개인 화보를 찍었고, 어느 해에는 오랜 기간 마음만 먹었던 기타를 배우기 시작했으며, 어느 해에는 창고 깊숙이 박혀 있던 인라인스케이트를 꺼내 다시 타기 시작했다.

잘할 필요도, 심지어는 지속할 필요도 없다. 쓸모없어도 된다는 안도감을 바탕으로, 그저 무한한 시도와 실패의 자유를 누린다. 그리고 가끔은 예상치 못했던 쓸모로 연결되는 행운을 덤으로 기쁘게 받아들이면 그뿐이다. 하루 최소 8시간 이상이 쓸모로만 가득한 삶에서 의식적으로라도 무쓸모를 위한 공간을 비워 두는 것. 무쓸모 선물과 같은 재미든, '20% 프로젝트'와 같은 확장이든, 어느 방면으로든 의미 있는 변화의 시작이라 믿어 의심치 않는다.

또 한 해가 간다. 숱한 쓸모의 것들에 치여, '올해의 놀이'란이 아직 비어 있다. 11월의 마지막 날, 해의 마지막 달을 남겨 놓고 자유이용권을 손에 쥔 아이처럼 칸을 메울 단어를 기껍게 고민한다. 생산성에 대한 책무를 벗어 던지고 오로지 재미만을 고려하는 이 시간이 때때로 황홀하기까지 하다. 당장 쓸모는 없겠지만 배워 보고 싶었던 것, 지속하기는 어렵겠지만 참가해 보고 싶었던 모임. 올해가 가기 전에 해 보고 싶은

제2장
―돈 없이 행복할 수 있을까

무쓸모한 일 한 가지, 고작 한 달 남은 해를 가장 의미 있게 추억할 수 있는 방법일지도 모른다.

'그냥 하기'의 기술

대학원 졸업 논문을 쓰던 때였다. 마감은 다가오는데 진도는 나가지 않았다. 업무와 병행하다 보니 퇴근 후 앞서 쓴 내용을 복기하고 예열하는 데에만 한참이 걸렸다. 대단한 역작을 쓰고자 한 것도 아니었지만, 당장 하루 몇 줄 쓰기도 버거우니 완성 자체가 미지수였다. 가망이 없다 판단해 결국 지도 교수님께 사죄 말씀을 드렸다.

포기를 공식화하면 마음이 가벼워질 줄 알았건만 아니었다. 최선을 다해 보지 못했다는 찝찝함에 뒷맛이 썼다. 밑져야 본전이니 마지막 전력투구를 해 보기로 하고 한 주 간의 휴가를 신청했다. 하지만 풀리지 않는 문장을 붙들고 앉아있는 것은 그 자체로 고역이었고, 나는 미뤄 왔던 옷장 정리를 하거나 손톱을 다듬으며 도망 다니기 바빴다.

창피하게 내느니 다음 학기에 내는 게 낫지 않나? 못 쓸 바엔 안 쓰는 게 낫지 않나? 이거 하나 쓴다고 내 인생이 뭐 대단히 달라질까? 온갖 잡생각이 난무했지만, 답은 정해져 있었다. 이대로는 안 되겠다 싶어질 무렵, '그냥 쓰자' 네 글자를 부적처럼 써 붙이고 책상 앞에 앉았다.

이후에도 불쑥불쑥 이런저런 생각이 비집고 올라왔지만 그때마다 되뇌었다. "그냥 하자. 그냥 쓰자." 그렇게 책상에서 수행하듯 한 주를 났다. 이때를 기점으로 윤곽이 잡혔고, 이후 속도가 붙어 무사히 졸업할 수 있었다. 그리고 나는 하나의 경험치를 획득했다. '그냥 하기'.

돌이켜 보면 늘 그랬다. 스트레스는 생각이 아닌 행동으로, 머리가 아닌 몸으로 해결되곤 했다. 이 길이 맞나 싶던 시절이 있었다. 이직을 해야 하나? 하고 싶다고 할 수는 있을까? 공부를 더 해 보는 건? 두서없이 떠오르던 대안들을 두고 아무리 머릿속에서 계산기를 두드려 보아도 결론을 내릴 수 없었다. 고민 끝에 각 분야에서 조언을 구할만한 이들에게 무작정 메일을 보냈고, 긴가민가하는 상황 속에서도 이력서를 쓰고 면접을 봤다. 그 과정에서 비로소 생각이 정리되기 시작했다. 그뿐일까. 막막하던 보고서, 안 풀리던 원고도, 일단 엉덩이를 붙이고 앉아서 버텨야 진척이 있었다.

이제 나는 생각이 많아질 때면 '그냥 하자' 네 글자를 써 붙이고 기계적으로 책상 앞에 앉는다. '기계적'이라는 표현이 얼마나 경이로운 수식인지 전엔 미처 알지 못했다. '영혼 없는', '무감각한', '수동적인'. 대개 이런 부정적인 표현들과만 엮어 생각했는데, 지금은 '성실한', '꾸준한', '한결같은'으로 읽힌다. 영감이 떠오르든 말든 매일 기계적으로 책상 앞에 앉아 글을 쓰고 달리기를 하는 무라카미 하루키처럼, 대부분의 거장들을 만든 것은 바로 그 '기계적임'이었다.

물론 스트레스의 유형에 따라 다르겠지만, 그 상당 부분은 단순하게 엉덩이를 딱 붙이고 버티는 힘만으로도 해결될 수 있다고 믿는다. 그것이 논문이든, 이

제2장
—돈 없이 행복할 수 있을까

력서든, 보고서든. 머리를 쥐어뜯고 눈물 콧물 쏟을 시간에 그냥 해 보는 것. 어쩌면 학창 시절 학업뿐 아니라, 인생의 많은 부분이 엉덩이 싸움으로 결정지어지는지도 모르겠다. 지금 내 책상 머리에도 '그냥 쓰자' 네 글자가 붙어있다. 그러니까 이 원고도 반쯤은 엉덩이로 쓰인 셈이다.

계속 일할 수 있을까

'일하는 30대 여성'으로서의 고민과 이야기를 나누어 달라는 요청을 받았을 때 가장 먼저 떠오른 것은 남편이었다.

부부 관계란 전체 행복의 총량을 공유하는 관계이다. 상호 간의 배려와 협력을 전제로 하는 운명공동체라는 점에서 그러하다. 한쪽이 +1만큼 행복해지면 냉정하게 다른 한쪽은 -1만큼 불행해질 수도 있다. 이때 상대의 행복해하는 모습을 보고 그 -1이 상쇄되고 나아가 +1이 된다면 그에 따라 전체 총량이 커지고, 그것이야말로 이상적인 부부 관계라고 생각한다.

그 성질이 이러하다 보니, 관계가 좋고 나쁨을 떠

나서 부부, 그것도 '맞벌이 부부'라고 하면 어쩔 수 없이 어느 정도의 이해 상충은 있을 수밖에 없다. 이야기가 내밀해질수록 조심스러운 지점이 있을 수밖에. 여기 모든 이야기는 남편의 배려와 서로에 대한 신뢰를 전제로 함을 노파심에 미리 밝혀 둔다. 그렇지 않고서는 15년을 이렇게 사랑할 수 없다.

스물넷에 첫 정규직 입사를 하고 1년 남짓 근무한 뒤 바로 결혼 준비를 시작했다. 사회생활에 대해, 진로에 대해 진지하게 고민해 볼 시간이 있었을 리 만무하다. 대기업 공채만 되면 '진로 고민'은 끝인 줄 알았다. 그런데 결혼 직후, 의사와는 무관한 분사를 겪었다. 2천 명이 넘던 조직 규모는 50명가량으로 줄었고 사명에서는 그룹명이 빠졌다. 여전히 훌륭한 회사였지만 그때 겪은 박탈감은 하나의 상흔으로 남아 나를 혼란하게 했다. '대입', '취준'을 이은 세 번째 진로 고민의 시작이었다.

그 무렵 처음 '임신' 이야기가 나왔다. 나는 짐짓 태연한 척 현관을 나섰다. "잠깐 산책 좀 하고 올게." 그 밤, 혼자 집 근처를 배회하며 그야말로 엉엉 울었다.

복잡한 감정이었지만 가장 선연하게 남은 글자는 '배신감'이었다. 그 누구도 아닌 '삶' 자체에 대한. 그날 이런 일기를 썼다. '나는 내 꿈의 데드라인이 내가 죽을 때인 줄 알았는데, 어쩌면 생각보다 금방일지도 모르겠다. 왜 아무도 말해 주지 않은 거야?'

물론 아이가 생긴다고 꿈을 꿀 수 없는 것은 아니지만 그때의 나는, 너무 어렸다. 이제 막 월급 모으는 재미를 알아 가던 시절이었으니 임신, 휴직 같은 단어는 내겐 너무 억울한 것들이었다. 학창 시절 내내 나름 공부도 꽤 했고, '문과 여자'로서 높은 취업 문턱에 몇 번이고 좌절했지만 치열하게 준비해 합격해 낸 회사였다. 세상 물정 모르는 신입이었지만 지금 휴직하면 아무것도 할 수 없다는 것 정도는 알고 있었다.

다행히도 남편과는 공감대가 이루어졌다. 하지만 내겐 하나의 불안증이 남았다. 계속 일할 수 있을까, 하는. 대기업 회사원으로는 끝이 자명해 보였다. 불행인지 다행인지 분사 과정에서 조직원으로서의 무력함을 일찍 배운 탓이었다. 그때부터 치열한 '직업 찾기'가 시작됐다. 로스쿨도 기웃거려 봤고, 공무원 시험이라도

제2장
—돈 없이 행복할 수 있을까

봐야 하나 싶어 하루 종일 노량진을 서성이며 공시생들의 일과를 관찰하기도 했다. 변리사 학원 상담도 받아 봤고, 감평사는 분위기 파악을 명목으로 시험부터 냅다 봤다.

한 살이라도 더 어릴 때, 전문성을 가지고 오래 일할 수 있는 기반을 만들어 두어야 한다는 생각, 평생 하고 싶은 일을 빨리 찾아야 한다는 생각에 늘 조급했던 시절이었다. 한 살 한 살 나이를 먹는 것이 꼭 시한부처럼 두려웠다. 이런 나를 바라보는 남편의 마음도 편치는 않았을 것이다.

그렇게 돌고 돌아 현재에 이르렀고 어느 정도는 만족스럽게 자부심을 가지고 일하고 있지만, 그 불안증만큼은 별 수 없이 여전하다. 임신을 하고도, 육아를 하면서도 계속 일할 수 있을까? '우리는 임신과 동시에 입주 도우미 알아봐야 된다' 태연한 척 말하긴 하는데, 그게, 돈도 돈이지만 과연 감당할 수 있는 일인가? (돌아보니 이는 무지한 발언이었다. 입주 도우미는 그 특성상 ─ 마치 이사처럼─ 타이밍이 맞는 것이 가장 중요하기 때문에 통상 한 달 전부터 알아본다.) 이런 불안들이 여전히 지금도 있고, 해결되지 않고 있다. 아무래도 이건 비단 직업의 문제만은 아니었나 보다.

　이런 속 이야기를 늘어놓으면 아이를 키우는 분들은 말한다. 막상 낳으면 너무 예뻐서 이런 고민일랑은 하등 무의미하게 느껴질 거라고. 혹은 막상 낳으면 어떻게든 된다고. 그러니 너무 지레 겁먹거나 앞당겨 우울해할 필요는 없다고. 다 맞는 말이고 또 그 마음들이 너무 따뜻하고 고맙지만, 그런데 어쨌든 그건 가 본 사람들의 이야기이고. 어떤 이들은 아직 여기에 머물러 있다. 스스로의 일 욕심을 자책하며.

제2장
―돈 없이 행복할 수 있을까

다 먹고살자고 하는 일인데

스스로를 잘 먹이는 편이다. 표현이 이상한데, 말 그대로다. 지금 내가 먹고 싶은 음식을 공들여 질문하고 공수한다. '뭐 먹지?' 다음 끼니를 고민할 땐 다음 여행지를 고를 때만큼이나 마음이 들뜬다. 퇴근 시간이 가까워지면서부터 머릿속은 저녁 식사 후보군을 추리느라 분주하다.

가령, 월요일엔 반주를 즐긴다. 의식적으로라도 주말엔 업무 영역의 스위치를 끄는 편인데, 그만큼 월요일 예열에 에너지가 많이 든다. 퇴근 즈음이 되면 그야말로 너덜너덜해져 스스로를 기분 좋게 만들 일을 찾아 나선다. 많은 경우 그것은 '맛있는 밥'으로, 그렇다면 역시 반주로 귀결되곤 한다. 근래 가장 즐겨 찾는 조합은 집 앞 단골 고깃집에서의 '삼쏘(삼겹살에 소주)'이다. 혼밥 레벨 최상이라는.

맛도 맛이지만 정서를 소비하는 편이기에, 나의 저녁은 차라리 식사를 가장한 놀이에 가깝다. 어느 퇴근길에는 노상에서 먹는 골뱅이 무침이 구체적으로 당겨 한적한 주택가의 '골뱅이 무침 파는 치킨집'을 찾아 나섰고(두 조건을 만족시킬 확률이 높다), 유독 서러웠던 어느 날엔 거금을 들여 홀로 코스 요리를 즐기기도 했다. 사회 초년 시절, 풀이 죽어 있으면 '나가자, 밥 사 줄게' 외치던 선배처럼, 스스로에게 그런 다정한 사람이 되어 먹고 싶은 것을 묻고 챙겨 먹인다.

'식욕'은 삶에 대한 의욕에 비례한다던가. 우울증의 주된 증상 중 하나가 식욕 감소라는 점이 이를 뒷받침한다. 그렇다면 (논리적 비약일지언정) 의식적으로라도 식욕을 증진시키는 것이 삶에 대한 의욕 또한 증진시켜 주지 않을까. '다 먹고살자고 하는 일인데'라는 단순한 진리를 좀 더 잦게 깨우치지 않을까.

일례로 어느 여름, 남편과 매주 토요일 저녁 동네

맛집을 탐방하는 '토요○○(동네명)'를 추진했었다. 이를 본떠 부모님은 '화요○○(동네명)'을 시작하셨다. 매번 회, 감자탕 같은 익숙한 메뉴만 드시는 게 답답해 근처 맛집을 정리해 메뉴판을 만들어 드렸다. 어차피 주중 한 끼 이상은 하는 외식, 그저 조금 더 정성 들여 메뉴를 고르고 기약 있는 기다림을 시작했을 뿐인데, 부모님은 가슴이 뛴다 하신다. 먹고 싶은 음식을 고민하며 한 주를 보내는 인생도 사실은 꽤 재미있다.

오죽하면 그런 책 제목이 있을까.《죽고 싶지만 떡볶이는 먹고 싶어》(백세희, 흔). 처음 이 제목이 충격적이었던 이유 중 하나는 납득이 갔기 때문이다. 떡볶이가 사람을 살릴 수도 있다. 그만큼 식욕은 강력하다. 지금 당장 기분이 좋아질 수 있는 방법을 하나만 꼽으라 한다면, 주저 없이 맛있는 음식이라 답하겠다. 참 단순한데, 대부분의 사람은 생각보다 단순하다.

뭘 해도 어쩐지 재미가 없고 의욕이 없다면, 지금 가장 먹고 싶은 음식을 정성껏 고민해 보길 권한다. 함께 먹는 사람, 시간과 장소, 가격에도 구애받지 말고. 다 먹고살자고 하는 일인데, 한 끼만큼은 스스로에게 가장 먹고 싶은 음식을 묻고 대접해 주는 그 옛날의 '다정한 선배'가 되어 줄 수 있지 않을까. 혹 이미 '넘치게' 실천 중이라면, 오늘만큼은 죄책감에서 벗어나는 데에 이 글이 좋은 빌미가 되길 바란다. 오늘 저녁은 뭘 먹을까.

제2장
―돈 없이 행복할 수 있을까

제3장

나를 지키는 일상 프로젝트

'프로젝트'라는 말을 좋아한다. 시작점을 정의하고
주기를 부여해, 다짐을 공고히 하기 때문이다.

내가 나를 돌보는 방법은?
실천해 보고 싶은 일상 프로젝트 한 가지

프로젝트 명:

시작일: _____년 ___월 ___일

주기:

(예: 매일 아침/잠들기 전/매주 ○요일/매달 한 번/해마다 한 번…)

나를 지키는 문장

"당신의 좌우명은?" 이른 새해 계획을 세우다 문득 궁금해져 지인들에게 물었다. 질문을 던짐과 동시에 흠칫 놀란 것은 '좌우명' 세 글자가 놀랍도록 낯설고 조금은 촌스럽게마저 느껴졌기 때문이다. 뒤이은 지인의 답변 하나가 이를 뒷받침했다. "좌우명…? 초등학교 때나 쓰지 않아?" 하지만 매년 다이어리 첫 장에, 어쩔 땐 책상 머리에 부적처럼 새겨 넣는 고정된 글귀를 달리 표현할 방도도 없다.

사업을 하는 A의 좌우명은 '불성무물(不誠無物)'이라 했다. 정성이 없는 곳에는 아무것도 없다는 뜻인데, 제품의 디테일에 목숨 거는 그의 평소 모습을 떠올리니 절로 고개가 끄덕여졌다. 매일같이 연습과 창작에 매진하는 아티스트 B의 좌우명은 '가장 바쁜 사람이 가장 많은 시간을 가진다'였다. 부지런하기로 소문난 그의 시간 관리에 대한 집념을 엿볼 수 있었다. 그 외 많은 이가 뜻밖에도 즉답을 해 왔는데, 하나하나 어쩜 그리도 주인을 닮았는지, 거짓말 조금 보태 좌우명과 주인을 나열해 놓고 '선 긋기'로 정답을 맞힐 수도 있을 것 같다.

좌우명은 필시 처한 상황과 목표에 따라 바뀌기 마련이지만, 나의 경우 상대적으로 일관됐다. 학생 시절 좌우명은 '삼인행필유아사(三人行必有我師)'로, 세 사람이 길을 가면 반드시 내 스승이 있다는 공자님 말씀이었다. 나서기를 좋아한다기보다 빠지를 못하는 성격 탓에 자의 반 타의 반으로 늘 어떤 역할이든 맡고 있었는데, 설익은 마음에 넓은 관계와 잦은 만남은 활력과 동시에 부담을 주었다. 나의 좌우명은, 좋은 것은 본받고 나쁜 것은 경계하게 되므로 누구로부터도, 어떤 만남으로부터도 배울 점이 있다는 다짐이자 스스로를 향한 격려였다.

제3장
—나를 지키는 일상 프로젝트

사회생활을 시작한 이래 현재까지 줄곧 이어진 좌우명은 '모든 것에는 그 나름의 의미가 있고, 선택의 결과는 현재에 달려있다'. 삶이란 크고 작은 선택의 누적임을 매년 더 분명하게 실감한다. 선택을 하는 시기에서 그 결과값을 받아들이는 시기로 접어드는 탓이다. 주변만 보아도 삶의 한 구간에서 만나 한때는 나와 비슷하다 여겼던 이들조차 이제는 가치관도 생활 방식도 제각각이다. 그러므로 매 순간 선택의 무게는 결코 가볍지 않다. '그게 최선이었을까?' 지난 선택에 의심이 드는 날이면 주문을 외듯 써 내는 것이 오늘날 나의 좌우명이다.

가끔은 삶이 스피드 퀴즈 같다. 우유부단하게 있다가는 사람도 기회도 이미 저만치 멀어져 있다. 때문에 삶에도 주제문이 필요하다. 글에서 주제문이 명확해야 매 문장이 제 기능을 찾듯, 삶에서도 주제문이 명확해야 매 순간이 제 몫의 기여를 한다. 그리고 이는 빠른 판단과 단단한 실행을 위한 지침이 된다. 고작 경구 하나가 나를 키웠고, 고작 문장 하나가 나를 지키는 것처럼.

빳빳한 새 다이어리의 첫 장을 눌러 펴고 글귀를 새긴다. 벌써 열 해 넘게 적어 온 문장이지만 그 실천은 여전히 어려워 쓸 때마다 마음을 새로이 다잡는다. 어찌 됐건 이 문장 하나가 또 한 해, 나를 지켜 낼 것이다. 그런 문장 하나 당신께도 깃들길, 덧붙여 함께 바라 본다.

제3장
—나를 지키는 일상 프로젝트

어른의 스트레스 값

삶이 아득할 땐 '결제'를 하는 편이다. 이 무슨 한심한 소리인가 싶지만, '결심'의 동력이라는 점에서 나쁘지 않은 수가 되기도 한다. 역시나 갈피를 못 잡던 어느 날, 결제로써 결심했다.

먼저 명상을 해 보기로 했다. 근래 트렌드이고 어떤 앱들이 인기라는 건 꿰고 있어도 막상 필요성을 느끼지는 못했다. 독서, 일기, 러닝, 요가, 청소, 요리 등 마음을 정돈해 주는 것은 물론 효용까지 지닌 활동들이 얼마든지 있었다. 그런데 언제부턴가 그것들은 너무나 일상이 된 나머지 또 다른 '투 두 리스트(To-do List)'가 되었고, '비움'보다는 '채움'의 영역에 가까워졌다.

속는 셈 치고 거금을 들여 명상 앱 연간 플랜을 결제했다. 사실 내가 하는 것은 콘텐츠의 가이드에 맞춰 가능한 편한 자세로 앉아 눈을 감고 깊게 호흡하는 것, 평화로운 음악을 들으며 긍정적인 생각을 하는 것, 이상도 이하도 아니다. 누군가 명상이 무엇인지 어떻게 하는 것인지 물어 오면 해 줄 말이라곤 없는, 그야말로 문외한이다. 그럼에도 불구하고 이제 그 매력에 조금씩 눈을 떠 가고 있다. 하루 딱 10분. 목표는 늘 '출근 전 매트 위에서'이지만 현실은 늘 '출근길 버스 안에서', 짧게나마 눈을 감고 숨을 느끼면 마음이 한결 차분해진다.

다음으로 아침형 인간이 되어 보기로 했다. 잠이 많은 편이다. 특히 아침잠이 많아 기상 알람을 5개 이상은 맞춰 두어야 마음이 놓인다. 밤 시간에 집중도가 올라가는 소위 '올빼미'형이다 보니, '한 시간만 더, 한 시간만 더' 하며 잠을 미루다 컨디션 조절에 실패하기 일쑤이고, 해내야 할 일이 있으면 밤을 새우고 다음날 쓰러져 자는 게 보통이었다. 피로가 쌓인 채 무거운 몸을 이끌고 패배자의 얼굴로 출근을 하고, 저녁 약속에 가고, 악순환이었다.

    이대로는 안 되겠다 싶어 아침마다 필라테스를 하기 시작했다. 일어나는 게 버겁지는 않을지 고민했는데 웬걸, 오랜만에 느끼는 땀 흘리는 맛에 눈이 절로 떠진다. 당일 취소가 안 되는 비싼 일정이 있으니 저녁 자리도 무리하지 않게 되고, 잠이 부족한 날도 운동을 하고 나면 오히려 개운하다. 뭣보다 하루를 성취감으로 시작하는 것이 가장 큰 수확이다. 실컷 땀 흘린 후 말간 얼굴로 사무실 책상에 앉아 마시는 시원한 커피 한 잔이 그렇게 달 수가 없다.

    마지막으로는 심리 상담 센터를 찾았다. 그동안은 어쩐지 멀게 느껴지기도 했고, 소위 '멘탈 관리'를 잘하는 편이라 자부해 왔기에 크게 필요성을 느끼지 못했다. 그러다 최근 종종 막다른 길에 들어선 기분이 들면서 스스로의 성향과 상황을 보다 객관화해 보고 싶어졌고, 스무 살, 학내 상담 센터를 찾았던 기억을 떠올렸다. 같은 여행지를 기간을 두고 다시 찾을 때처럼, 십수 년 만의 방문을 통해 나의 성장과 현재를 비추어 볼 수 있을 것 같았다. 관련 산업 성장에 대한 직업적 호기심도 한몫했다.

    과정에서 여러 번 놀랐는데, 프랜차이즈화 된 기업이 있을 정도로 생각보다 많은 수에 놀랐고, 시간당 십만 원이 넘는 비싼 상담료에 놀랐다. 긴장하며 찾은 센터가 생각보다 카페스러운 분위기임에 놀랐고, 내담자들의 대다수가 또래 연령대임에 또 놀랐다. MBTI 테스트하듯 심리 상담 센터를 찾는다는 2030에 대한 르포성 기사가 허구는 아님을 실감했다.

    사전 설문 작성부터가 이미 상담의 시작이었다. 문제를 문장화하여 넘버링 하는 과정에서 벌써 많은 것들이 정리되었다. "들어오세요." 어색함도 잠시, 오가는 대화 속에 한 번 열린 마음의 빗장은 속수무책으로 허물어졌다. 울고 웃는 50분이 지났다. 답을 주지는 않지만 스스로 말하는 과정에서 이미 답을 가지고 있음을 깨닫게 하는 것. 적어도 내게는 그것이 상담의 기능이었다.

    잠깐의 고민 끝에 다음 예약을 잡았다. 아직 못다 발견한 스스로의 내면의 대륙을 조금 더 탐색해 보고 싶어졌다. 영수증을 받아들며, 어쩌면 십여 년 사이의 성장은 고작 비싼 사설 센터 상담료를 자비로 부담할 수 있는 정도의 경제력인지도 모른다고 생각했다. 동시에 진짜 간절한 이들이 부담 없이 수시로 찾기엔 무리가 아닌지 잠시 씁쓸해졌다.

센터 문을 나서는데 이른 봄의 밤공기가 제법 쌀쌀했다. 명상하듯 엷게 눈을 감고 크게 숨을 들이쉬자 폐 가득 들어차는 찬 기운이 나쁘지 않았다. 땀 한 방울 흘리지 않았지만 아침 운동을 마치고 나왔을 때와 같은 개운함이 있었다. "따뜻한 아메리카노 한 잔이요!" 실컷 땀 흘린 후 마시는 시원한 커피 한 잔이 '박수'라면, 실컷 감정을 풀어 헤친 후 마시는 따뜻한 커피 한 잔은 '포옹'이라는 것을 처음 알았다.

택시를 잡으려던 손을 거두고 역을 향해 걸음을 옮겼다. 어른의 스트레스는 값이 참 비싸구나. 그 값을 헤아리며, 당분간은 절약을 결심했다.

운전이라는 세계

주변인들이 첫인상과 다르다며 공통적으로 놀라는 지점이 있다. 바로 오랜 장롱면허. "예에? 진짜요?" 한 손으로 스포츠카도 몰 것 같은데, 라고들 덧붙인다.

타고난 길치에 기계치인 데다가 겁까지 많다 보니 좀처럼 적성에 맞지 않았달까. 아니, 적성을 논하기도 전에 노력해 볼 엄두조차 내지 못했다는 것이 양심상 맞을 것이다. 면허 자체는 많이들 그렇듯 취업하자마자 다음 학년에 진학하듯, 토익 시험 보듯, 필수 자격증 개념으로 따 놓았다. 기본 상식이 있는 이들이라면 공부 않고도 70점 적당히 넘겨 합격하는 필기시험을 시험 공부하듯 준비해 딱 한 문제 틀렸고, 도로 주행도 코스별 주의사항을 암기해 무려 한 번에 합격했다. 그건 마치 학창 시절 실기 평가를 위해 연마하던 납땜이나 농구 같은 거였다. 결코 할 줄 안다고는 말할 수 없는 것.

면허는 땄지만 운전은 요원했다. 언젠가 큰맘 먹고 도로주행 수업을 받았는데 회당 10만 원에 가까운 비용도 비용이지만, 앉은 자세에서도 다리가 바들바들 떨리더니 사거리 한가운데에서 그만 패닉이 왔다. "선생님, 죄송한데 좀 해 주시면 안 돼요?" 보다 저렴하고 안전한 시뮬레이션 학원도 다녀봤지만, 등록할 때만 해도 세상 친절하던 선생님이 나중 가서는 '운전을 꼭 하셔야 되겠냐' 빈정거리기에 이르렀다. 수치스러웠다. 무언가를 이렇게까지 못한 적이 있었던가? 그 뒤로 운전은 사실상 포기였다. 도로를 가득 메운 차들을 보며 어떻게 이 많은 사람이 이 어려운 걸 다 하고 사는 것인지 의아할 따름이었다.

하지만 갈수록 불편한 점이 한두 가지가 아니었다. 여행할 때, 미팅 갈 때, 더울 때, 비 올 때, 추울 때…. 그때마다 생각했다. 내가 운전을 할 줄 알았더라면. 그리고 마침내 불편함이 두려움을 압도했을 때, 나는 다시 운전대를 잡았다. 면허를 딴 지 꼭 9년 만이었다.

남편과 집 주변을 도는 것부터 시작했다. 어려울 거라곤 없는 한적한 주거지역이었지만 그마저도 쉽진 않았다. 제자리걸음인 주행 실력에 남편도 나도 한숨만 푹푹 쉬었다. 그리고 얼마 뒤 강원도 여행, 귀갓길 3시간 반을 말 그대로 '덜컥' 운전하게 됐다. 처음엔 못한다며 손을 내저었지만 묘한 오기가 생겼다. '이게 뭐라고. 다들 하고 사는 건데!' 기껏해야 시속 40~50km 남짓인 동네만 다니다 100km가 넘는 속도로 고속도로를 달리니 갑자기 겁이 없어지는 기분이었다. 소위 말하는 '달리는 맛'을 보자 운전의 재미를 알게 됐다.

이후 부족하지만 조금씩 주행량을 늘려 지금은 주행 중에 남편이 잠깐씩 눈 붙일 수 있는 정도의 신임(?)은 얻게 됐다. 여전히 끼어들기나 내비게이션 보기, 주차는 남편 참관 없이는 불안하지만, 시종일관 본인이 운전할 때보다 더 긴장한 채로 손잡이를 붙들고 있던 때와 비교하면 장족의 발전인 셈이다.

운전을 하며 한 가지 깨달은 것이 있다. 운전을 함

에 있어 가장 중요하고 필요한 것은 세상, 일반에 대한 신뢰라는 것. 처음엔 주변의 모든 차가 잠재 위협으로 느껴져 그 사이를 달리는 것 자체가 공포스러웠다. 큰 차 한 대만 들어와도 움찔거리고, 누가 갑자기 깜빡이를 켜진 않을까, 혹은 켜지도 않고 끼어들지는 않을까 내내 불안했다. 하지만 점차 운전이 익숙해지면서, 웬만해서는 사고가 잘 나지 않는다는 것을 알게 됐다. 대부분의 사람이 방어 운전을 잘하고 있고, 조금 위험한 상황에서는 클랙슨을 울리든 피해 가든 하면서 이 세계를 지키고 있다는 것을 믿게 된 것이다.

그 세계를 신뢰하게 되면서부터 도로 위의 크고 작은 규칙들이 눈에 들어온다. 사거리의 신호 체계, 빨간 불에 멈추고 파란 불에 가는, 횡단보도를 앞에 두고 우회전을 대기하는 당연한 것들조차 '보행자'가 아닌 '운전자'의 시선으로 다시 보게 된다. 알고 보면 대다수가 말을 잘 듣는 귀여운 규칙의 세계. 차선이 합쳐질 때 한 대씩 순서대로 양보를 하는 것도, 끼어들고 나서 감사 표시로 비상등을 깜박이는 것도, 나는 다 너무 귀엽다. 특히 그것, '감사합니다' 깜빡이가 너무 귀여워서 나는 '남편피셜' 도로 위의 '프로 감사러'가 되었다. 인사 한 마디에 기분이 좋아지는 것은 어느 세계에서든 마찬가지일 테니까(깜빡이 켜는 데에 돈이 드는 것도 아니고!).

물론 여전히 노란 초보운전 딱지를 두 장이나 붙이고 다닌다. 그러면서 느끼는 것은 도로 위의 초보 딱지가 꼭 어릴 적 놀이터의 '깍두기' 같다는 것. 조금 느려도 참아 주고, 서툴러도 비켜 주는, 어린 동생도 함께 어울려 놀 수 있도록 봐 주던 언니 오빠들의 배려 같은 것. 가끔 도로에서 다른 '깍두기'들을 만나면 그렇게 반가울 수가 없다. 묘한 동지애마저 느껴져 속으로 '그쪽도 힘내세요!' 응원하고, 끼어들기 실패라도 하면 함께 안타까워 한다. "운전은 기능이야. 하는 만큼 늘어." 아버지 말마따나, 도로 위에서는 모두가 공평하다. 얼마나 대단한 사람이건 간에 시작점은 같다. 다 같은 '깍두기'일 뿐이다. 누구든 시간을 들인 만큼 성장하는 평등하고 정직한 세계. 어릴 땐 회피하고 싶었던 그 정확함이 새삼 반가운 것은 세월의 선물일까.

달리기를 하는 마음으로 운전을 한다. 시간이 쌓

이는 만큼 실력도 쌓이리라. 그렇게 무럭무럭 자라다 보면 언젠가는 노란 딱지를 뗄 수 있겠지. 한 손으로 스포츠카도 몰 수 있겠지…!

한 주 한 송이 프로젝트

'프로젝트'라는 말을 좋아한다. 시작점을 정의하고 주기를 부여해, 다짐을 공고히 하기 때문이다. 새로 시작한 프로젝트가 있다. 이름하여, '한 주 한 송이'.

 몇 번의 일터를 거치는 동안, 나의 책상은 대체로 깨끗했다. 짐의 양으로만 보면 어제 입사했거나 내일 퇴사해도 이상하지 않을 정도였다. 실제로 퇴사를 할 때에도 며칠에 걸쳐 짐을 옮기는 동료들과 달리 나는 하루 퇴근길이면 충분했다. 근본적으로 '버리기'를 좋아하는 성정에 기인한 것이었지만, 한편으로는 사회생활에 임하는 마음가짐이기도 했다. 개인의 짐을 두는 것은 마음의 적을 두는 일이다. 그러니까 최소한의 짐을 둔다는 것은 언제든 헤어질 연인처럼 오가겠다는, 밀어내도 상처받지 않겠다는 일종의 방어기제인 셈이었다.

그러다 몇 해 전 네 번째 직장에 입사하면서 난생처음 책상에 디퓨저를 들였다.

'죽도록 사랑하지 않았기 때문에 살 만큼만 사랑했고, 영원을 믿지 않았기 때문에 언제나 당장 끝이 났다. 내가 미치도록 그리워하지 않았기 때문에, 아무도 나를 미치게 보고 싶어 하지 않았고'라는 노희경 작가의 문장을 뜬금없이 되새기며, 이번엔 좀, 구애를 해 보련다.
— 《지금 사랑하지 않는 자, 모두 유죄(북로그)》를 인용한
  당시의 일기

그로부터 한참이 지났고, 디퓨저는 그 효험을 다했다. 간절함은 퇴색된 지 오래였고 나는 다시, 언제든 헤어질 채비를 하는 권태로운 연인의 모습이 되어 있었다.

그런데 여느 때처럼 점심 시간을 활용해 운동을 하고 나오는 길, 언제부터 있었는지 모르는 바로 앞 꽃

집에 눈길이 갔다. 쇼윈도 너머로 형형색색의 꽃들을 바라보는데 묘하게 에너지가 차오르는 것이 느껴졌다. 홀린 듯 핑크빛의 거베라 한 송이와 잎 소재 조금을 품에 안고 사무실로 돌아왔다. 급한 대로 다 마신 음료병에 수혈하듯 꽂아 놓고 그 길로 작은 화병을 주문했다. 꽃 한 송이 들였을 뿐인데 칙칙한 책상에 생기와 활력이 돌았다. 초록의 화분이 주는 잔잔한 위로와는 또 다른 것이었다.

'회사'라는 공간에 고작 꽃 한 송이를 들였을 뿐인데 비로소 나는 스스로를 환대한다. 내게 주어진 팔 한 폭 남짓한 세계의 스쳐 지나가는 객이 아닌 주인이 되고, 언제든 헤어질 채비를 하는 연인이 아닌 신실한 동반자가 된다. 고작 꽃 한 송이 들였을 뿐인데 수단으로만 존재하던 공간에 전에 없던 애정이 깃든다.

그날부터 가능한 매주 월요일, 운동을 마치고 돌아오는 길에 꽃 한 송이씩을 사 오기로 했다. 정기 배송 서비스를 이용할 수도 있지만 그만두었다. 여태껏 관심 없던 꽃의 면면을 직접 들여다보고 이름을 묻고 품에 안고 오는 일련의 과정을 수행처럼 거치고 싶었다.

제3장
―나를 지키는 일상 프로젝트

마치 거기까지가 운동의 완성인 것처럼. 그리하여 시작된 '꽃알못'의 '한 주 한 송이' 프로젝트. 단돈 1만 원의 행복. 거베라, 메리골드, 카라, 장미, 용담초, 프리지어…. 휴대폰에 꽃 사진이 쌓일수록 아는 꽃 이름도 늘어 간다. 삶을 풍요롭게 할 좋은 습관 하나를 이렇게 또 수집한다.

혼자의 교실

학교를, 정확하게는 '교실'을 좋아한다. 한때 교사를 꿈꾸기도 했고, 교실 공간 특유의 정감 어린 분위기가 아련하게 애틋하다. 가끔 이런저런 특강 요청을 받더라도 학교라고 하면 앞뒤 가리지 않고 가고, 매년 각종 자격시험을 빌미로 내 것도 아니었던 교실을 찾으며 때아닌 위로를 받기도 한다. 그 교실 안에서도 나를 가장 설레게 하는 것은 다름 아닌 '시간표'이다. 국어, 수학, 영어, 사회, 과학, 한국사, 음악, 미술, 체육, 체험 활동까지…. 과목명을 읊는 것만으로도 가슴이 두근거린다고 하면 조금 이상해 보일까.

    업무 특성도 있겠지만 알아야 할 것도, 배워야 할

것도 끝이 없다. 경제 금융, 재무 회계, 상법, 기술 트렌드 등. 결코 '좋아한다' 말할 수는 없지만 좋아하는 일을 위해 필요한 일들이 있다. 그뿐인가. 밥벌이에 하등 도움은 안 되지만 배우고 싶은 것들 역시 여전히 많다. 누군가처럼 멋지게 클래식 도입부만 듣고도 작곡가를 맞추고 싶고, 미술 작품 보는 눈도 기르고 싶다. 운동 종목 몇 개쯤은 생활 속에서 즐기고 싶고, 대화 중 '연도' 이야기가 나오면 그 시기 주요한 역사적 사건 정도는 어렵지 않게 떠올리고 싶다. 작사도 소설 작법도 배우고 싶고, 영화도 더 전문적으로 보고 싶다. 이것저것 '하고 싶은 마음'만 두서없이 흘러넘칠 뿐, 실상은 매일의 부족함을 임기응변으로 채워 나가기 바쁘다. 그 옛날 교실처럼 '누가 시간표 짜서 수업 좀 해 줬으면' 하는 생각이 절로 드는 이유다. 그런 맥락에서 몽상하는 것이다. '지금 학교에 다니면 정말 즐겁게 다닐 수 있을 텐데.'

    시간표를 짜 줄 사람도, 나서서 떠먹여 줄 사람도 없다. 다만 몇 달 전부터 출근 시간보다 2시간 일찍, 아침 7시에 카페에 가기 시작했다. 7시 반 정도까지는 경제지를 훑고, 이어 출근 전까지는 공부를 한다. 여러 '과목'을 다루기에는 시간이 부족하므로 나름의 '학기제' 운영을 하고 있다. 한동안은 영어 공부를 했다. 해도 해도 끝이 없는 공부이기에, 영어 경제 뉴스 교재를 한 권 정해서 본문을 외웠다. 이어서 한동안은 재무회계 공부를 했다. 마음 맞는 교재를 골라 2회독을 했다. 다만 너무 '필요'한 공부만 하다 보니 삶이 퍽퍽해지는 느낌을 지울 수 없어, 30분 정도는 교양 과목을 추가하기로 했다. 영화서와 미술서 중 고민하는 이 시간이 황홀하기 그지없다.

이렇게 시간이 쌓이면 들리지 않던 단어가 들리고 눈에 들어오지 않던 숫자가 읽히는 경험을 하게 된다. 몰랐던 세계의 언어를 습득하고 그에 대한 '리터러시(literacy)'가 생길 때, 말 그대로 시야가 넓어지는 것을 체감한다. 그때의 쾌감이 그 무엇보다도 좋다.

오늘도 아침 7시, 백팩을 둘러메고 등교를 한다. 교사도 학생도 오로지 나 혼자인, '혼자의 교실'로. 매일 같은 자리에 앉아 경건한 마음으로 교재와 필통을 꺼낸다. 수업료는 단지 커피 한 잔. "따뜻한 아메리카노 톨 사이즈, 먹고 갈게요!", "디카페인은 안 하세요?" 그 시절처럼 서로 모르는 것을 물어보고 간식을 나눠 먹을 학우는 없지만, 시간이 쌓이는 만큼 눈인사도 쌓여 취향을 기억해 주는 점원이 생겼다. 완독한 교재의 마지막 장을 덮으며, 다음 '학기'의 시간표를 짠다. 좋아하는 일을 위해 싫어했던 일을 좋아하는 훈련과 생각만으로도 가슴이 뛰는 보상을 적절히 배치해서. 시험도 성적표도 없지만 나는 알고 있다. 오래전 그 교실이 그랬듯, 이 교실이 나를 또 키우고 지켜 낼 것임을.

반찬통과 여름

특별한 계기가 있었던 것은 아니다. 그냥 조금 더 나은 사람이 되고 싶었다. '독거 어르신 밑반찬 배달 및 말벗 봉사'. 신청을 하긴 했는데 막상 가려니 망설여졌다. 종교 색이 너무 짙지는 않을지, 아무래도 학생들이 많을 텐데 혼자 민망하지는 않을지. 날짜가 다가오자 때 아닌 긴장감이 밀려왔다.

당일 일찌감치 지정된 장소에 도착해 근처 브런치 카페에 들렀다. 늦은 식사를 하고 있는데 한 여자가 문 사이로 빼꼼 얼굴을 내밀고 물었다. "옆에 차 대도 되나요?" 통유리로 된 작은 카페인지라 바깥 사정이 눈에 들어왔다. 건물 옆 좁은 주차 칸에서 한 남자가 분투

하고 있었다. 결국 차를 긁었는지, 앳된 커플은 나란히 쪼그려 앉아 한참을 엄숙하게 들여다보았다. 이윽고 들어서며 남자가 멋쩍은 듯 말했다. "수업료야 수업료. 원랜 잘하는데." 테이블 간격이 좁다 보니 본의 아니게 대화까지 듣게 됐다. 별것 아닌 이야기로 꺄르르 웃는 그들이 새삼 예쁘다는 생각이 들었다.

    심호흡을 한 번 하고 안내된 건물로 들어섰다. 예상했던 대로 10대로 보이는 친구들이 무리를 지어 있었다. 누가 누구랑 다퉈서 학원을 옮겼다는 이야기를 세상 심각한 얼굴로 나누고 있었다. 그리고 그 틈에는 자주 오는 것으로 추정되는 내 또래 몇이 쭈뼛대는 나와 달리 익숙한 듯 무심하게 자리 잡고 있었다. 테이블에는 주소와 이름이 적힌 아이스박스 수십 개가 죽 늘어서 있었다. "처음 오셨어요?" 책임자로 보이는 이가 묻더니 대뜸 몇 개를 내 앞으로 배정해 줬다. 활동의 배경이나 취지 같은 거창한 오리엔테이션을 기대했던 스스로가 머쓱해졌다. "여기서부터 이 순서대로 가면 편할 거예요. 지난주 반찬통도 꼭 수거해 오셔야 해요!" '배달'을 위해 알아야 할 것은 그게 전부였다.

날은 더웠고, 집을 찾는 것은 쉽지 않았다. 주소 뒤에 '어디 차고 뒤', '어디 안'과 같은 사족이 많아 의아했는데 한두 집을 돌다 보니 납득이 갔다. 도로명으로 근처를 찾아오고 나서도 한참을 묻고 물어야 했다. 설마 여기일까 싶은 곳들이 주로 목적지였다. 명색이 '말벗 봉사'인지라 처음엔 벨부터 눌렀다. 문이 열리면 방 안의 단출한 살림살이가 한눈에 들어왔다. "문 앞에 뒀는데요." 비대면을 선호하신다는 것을 그 표정에서 깨달았다. 독거 어르신이라고 마냥 낯선 타인의 방문을 반길 것이라 생각했던 스스로가 우스웠다. 이후부터는 보물 찾기 하듯 찾은 문 앞에 검은색 비닐봉지가 걸려 있으면 쾌재를 불렀다. 지난주 반찬통을 수거하고 새 반찬을 꺼내 두었다. "어르신, 문 앞에 반찬 두고 갑니다!" 현관문 위에 난 창으로 센서 등이 켜지는 게 보였지만 문은 열리지 않았다.

어느새 마지막 집, 빌라 사이를 헤매는데 커다란 종량제 봉투 앞에서 옷가지를 정리 중이던 어르신이 내 손에 들린 반찬통을 흘긋 보더니 말씀하셨다. "문 앞에 있어요", "네, 새 찬들 문 앞에 둘게요!" 빈 통을 수거하고 내려오는 길, 어르신이 봉투를 옮기며 씨름하고 계셨다. "제가 할게요!" 외치며 달려갔더니, "괜찮아요. 여기 그냥 이렇게 둘 거라." 그제야 환히 웃어 보이셨다. "네, 어르신. 건강하세요!" 덩달아 활짝 웃음 지었다. '또 올게요' 한 마디를 덧붙이려다 그만두었다.

    가벼워진 반찬통 보따리들을 이고 돌아오는 길, 눈길조차 주지 못한 사이 거리엔 녹음이 우거져 있었다. 학생들의 꺄르르 웃음소리가 초여름 볕으로 이글거리는 거리를 메웠다. 유난히 파란 날이었다.

셀프 포상의 기술

'셀프 포상'을 잘하는 편이다. 말 그대로인데, 피하고 싶거나 어려운 일을 완수하고 나면 스스로에게 상을 준다.

    어릴 때부터 그날 몫의 공부를 다 하면 부모님 몰래 만화책을 보거나 사고 싶었던 '코디 스티커'를 샀다. 고교 시절에는 몇 날 며칠을 지새워 시험 기간을 마치면 친구들과 우리 집에 모여 서툰 손으로 화장을 했다. 그래 봤자 싸구려 파우더에 립밤 정도였지만, 한껏 단장하고 나가 쫄면을 먹고 8천 원짜리 노래방에 가고 스티커 사진을 찍으면 그 찰나의 일탈이 그렇게 달콤할 수가 없었다. 건너온 시간이 고단할수록 해방감은 배가 됐다. 돌이켜 보면 그때의 나는 거창한 목표 의식보다는 그 쾌감을 동력 삼아 공부했다.

사람은 쉽게 변하지 않는다. 십수 년이 흐른 지금도 피하고 싶거나 어려운 일을 앞두면 다이어리 한 편에 목록을 만든다. 'OOO가 끝나면 하고 싶은 일'. 그 목록은 창피할 만큼 소소해서, 드라마 보면서 배달 음식 먹기, 영화관 가기, 코인 노래방 가기, 친구들 만나기, 여행 가기, 대체로 이 범위를 벗어나지 않는다.

어려운 긴 구간을 통과해야 할 때면 구간을 나눠 포상을 준다. 가령 최근 몇 달은 각종 마감이 몰려 혼돈 그 자체였다. 달력만 봐도 숨이 턱하고 막혀 왔다. 내가 할 수 있는 일은 하나, 각각의 마감일 위에 작은 사치를 더하는 것. 강의를 마치고 온 날 저녁엔 OO를 먹어야지. 발표를 마친 날에는 영화관에 가야겠다. OO까지 마치면 혼자 아웃렛에 가야지. 지금 가면 가을 분위기가 물씬 나겠지? 이렇게 구획을 나눠 '사소한 기대'들을 심다 보면 마침내 끝은 있었다.

끝은 있다. 삶 자체가 그렇듯, 이 구간도 그러하다. 막막한 '덩어리'들을 풀어헤쳐 스스로를 야무지게 격려

하고 포상하다 보면 영원할 것만 같던 시기도 지나 있을 뿐더러, 최소 그 절반은 긴장이나 걱정, 두려움 대신 설렘과 기대로 채워지게 된다. 때론 아득한 숲을 보는 것보다 당장 눈앞의 아름다운 나무 한 그루에 집중하는 것이 현명할 때가 있다. 어차피 삶은 '퀘스트'의 연속이고 지금 이 걱정이 끝나도 다른 걱정이 올 것은 자명하니, 그 늪에 빠져 허우적댈 바엔 차라리 행복한 하루살이가 되기를 택하겠다.

당장 내년, 5년, 10년 뒤의 내가 어디서 어떻게 밥벌이를 하고 있을지는 모르지만 한 가지는 확신한다. 기대될 것 없는 하루의 끝, 맛있는 저녁을 먹고, 어려운 일을 마친 날 혼자 영화관을 찾을 것이다. 그 '어려운 일'이 당장의 업무일지, 육아의 고민일지, 삶의 고뇌일지는 알 수 없지만, 이것만큼은 분명하다. 그 순간들만큼은 작고 잦게 행복할 것이라는 것.

이 시기도 삶도 '끝'은 있지만, 삶은 결코 그 끝을 목표로 하지 않는다. 오늘 하루도, 올 한 해도 마땅히 그래야 하지 않을까. 덩어리진 불안을 풀어헤쳐 그 구간마다 스스로를 살뜰히 포상하기를 바란다. 통과할 시간이 고될수록 그 기대들은 달콤할 것이다. 그저 견디기만 하기엔 아직 너무 많고 귀한 '하루'들이 남았다.

원정 서재

언젠가 '공유 별장' 사업을 하는 스타트업을 만났다. "그런데 '공유'와 '별장'이라는 개념이 공존할 수 있나요?" 별장이라는 건 모름지기 숙박업소와 달리 내 취향, 내 흔적을 더할 수 있는 공간이어야 하지 않냐는 취지였다. 사진을 보자 더 이상의 증명은 불필요했다. 애초부터 취향이 아닐 수 없는 형편 이상의 공간을 소유할 수 있는 거의 유일한 방식이었다. 물론 그 N분의 1조차 비싸다는 게 함정이지만.

비슷한 취지로 실천 중인 프로젝트가 있다. 이름하여 '원정 서재'. '카우치 서핑(couch surfing)'이 아닌 '데스크 서핑(desk surfing)'이랄까. 나를 설레게 하는 장소를 떠올리면 대체로 책상이 있다. 언젠가는 통창으로 바다가 보이는 책 냄새와 나무 냄새가 어우러진 멋진 서재를 지을 수 있지 않을까 상상한다. 하루아침에 이룰 수 있는 꿈은 아니기에 여유 시간이 주어지면 여지없이 책상을 찾아 나선다.

시작은 지난 출간 원고 작업을 하던 때였다. 닷새 정도 혼자 시간을 갖기로 하고 숙소를 찾았다. 목적이 분명한 만큼 기준은 하나, 뷰 좋은 책상과 편안한 의자. 배경이 되어 줄 '뷰'가 관건이었는데, 도심보다는 고민의 여지없이 자연이었고, 자연이라면 산, 바다를 가리지 않고 좋아하지만 긴 기간 꼭 하나의 풍경만을 골라야 한다면 아무래도 바다 쪽이었다.

바다 뷰 통창 앞에 침대가 아닌 책상이 있는 곳을 찾기란 생각보다 어려운 것이었다. 객(客)을 위한 공간에서는 대개 책상의 중요도가 낮았다. 티 테이블 정도는 종종 있었는데 낮거나 좁았고, 의자들은 예쁘지만 딱딱했다. 끈질긴 검색 끝에 바다 뷰 책상과 푹신한 의자가 있고 바로 앞에 해변이, 바로 옆에 물회 맛집이 있는 공간을 찾았다. 집 주인 언니가 안식년을 보냈던 곳이라 했다―실제로는 언니가 아닐지도 모른다―.

> 역시 그런 것이었습니다. 머물다 간다면 바다 앞에
> 침대를 두겠지만, 살다 간다면 책상을 두겠지요.
> ― 당시의 기록

나의 첫 '원정 서재'는 속초였다. 뭐든 처음이 그렇듯 특히 더 애틋한 기억으로 남았는데, 방에 있던 카세트 플레이어가 단단히 한몫을 했다. 아침에 일어나면 테이프를 고른다―'고른다'는 표현이 무색하게 거의 매번 전람회 1집이었지만―. 군데군데 음악이 늘어졌고 타이틀 곡을 제외하고는 죄다 모르는 노래들이었다. 집에서 챙겨 온 블루투스 스피커로 들으면 훨씬 더 깨끗한 음질로 듣고 싶은 노래만 골라 들을 수 있을 텐데, 왜인지 그렇게 되었다.

    러닝을 하고 돌아와 샤워를 하고 커피를 마신다. 책을 보거나 글을 쓰다가 맛있는 걸 먹고, 낮잠을 자다가 또 맛있는 걸 먹고, 자기 전엔 영화를 한 편 본다. 그리고 그 곁에는 항상 바다가 있다.

제3장
―나를 지키는 일상 프로젝트

결과적으로 글은 한 편밖에 쓰지 못했다. 대신 보고 싶었던 영화를 네 편 정도 보았고, 그중 한 편은 속초 시내의 작은 영화관에서 보았다. 물회를 세 번 정도 먹었고, 같은 식당에 네 번 정도 방문했다. 집에서 쓰면 하루면 썼을 분량을 굳이 그 멀리까지 가서 썼는데, 예상 못 한 바는 아니라 크게 낙담하거나 자책하지는 않기로 했다. 그 글은 거기에서만 쓸 수 있는 글이었다.

이후 기회가 있을 때마다, '원정 서재'라는 이름 아래 바다 뷰 책상을 가진 숙소를 수집한다. 남몰래 틈틈이 바다 앞 오피스텔들의 시세를 점검하긴 하지만, '원정'이라는 매번 낯선 장소성이 주는 특별함도 아직은 좋다. 또 지도 위에 포진한 '원정 서재'들을 보면, 문득 떠나고 싶은 어느 날 이 중 하나 정도는 비어 있겠지, 마치 내 것인 양 마음이 든든하다. 내 흔적도, 소유권도 없지만 스스로 부여한 '공유 별장' 멤버십인 셈이다.

그래도, 언젠가는 갖고 싶다. 통창으로 바다가 보이는 책 냄새와 나무 냄새가 어우러진 멋들어진 서재. 비가 와도 눈이 와도 아름다울 공간. 한쪽에는 작은 바를 만들어야지. 영화 볼 큰 스크린도. 배경으로는 전람회 1집이 흘러 나오면 좋겠다. 아, 도보 거리에 물회 맛집까지 있다면…. 뭐가 됐든, 멀리 떨어진 서재가 필요한 누군가들에게 기꺼이 내어 줄 수 있는 공간이면 더할 나위 없겠다. 물론 아직 준비된 건 이름뿐이지만….
'원정 서재' Coming soon!

제3장
—나를 지키는 일상 프로젝트

최소한의 배낭

남편과 해마다 한 번은 스쿠터 여행을 간다. 거창하게 들리지만 스쿠터 한 대를 며칠간 빌려 남편이 운전을 하고 나는 뒤에 타는 것이 고작이다. 욕심내지 않고 대개 국도를 따라 산책하듯 천천히 달린다. 차 대비 불편한 점이 많지만 해를 두고 잊지 않고 찾는 데는 몇 가지 이유가 있다.

차를 타고 보는 풍경이 3인칭 관찰자 시점쯤 된다면 스쿠터는 그야말로 1인칭 주인공 시점이다. 따가운 볕도, 차디찬 바람, 흩날리는 꽃 내음, 축사의 쾌쾌한 냄새조차 그대로 받아 내고 온전히 감각한다. 차창 너머로 풍경을 보는 것이 아니라 그 안에 들어가 온몸으로 겪는 것이 되므로, 계절을 만끽하기에 이만한 방법이 없다. 더불어 둘이 꼭 붙어 타는 그 방식도 비일상의 특별한 경험이 된다. 소중한 이의 허리를 끌어안고 혹은 그 등에 업혀 끊임없이 안부를 묻는다. "여보, 안 추워? 추우면 말해!" 어깨를 감싸 바람을 막아 주기도 하고, "저기 봐! 진짜 예뻐!" 놓칠까 알려 주기도 한다. 설령 사소한 다툼이 있더라도 반 강제로 부둥켜안고 있다 보면 금세 마음이 누그러진다.

하지만 뭐니 뭐니 해도 스쿠터 여행의 가장 큰 매력은 그 강제된 단출함이다. 각자에게 허락된 짐이라고는 비좁은 짐칸에 들어갈 작은 가방 하나가 전부이다. 그러니 짐을 쌀 때면 고민에 빠진다. '이게 꼭 필요할까?' 그렇게 골라내는 것은 몇 번의 사이클을 거쳐 결국 다음으로 수렴한다. 속옷, 세면 도구, 충전기, 다이어리. 욕심부리면 블루투스 스피커. 이렇게 최소한의 짐을 추려 낼 때, 나는 어떤 희열을 느낀다. 문득 도망치고 싶은 어느 날이 오더라도 고작 이 정도만 있다면 어디로든 얼마든지 흘러들 수 있을 것이라는 생각에 안도감마저 느낀다. 아침마다 짐을 싸고 옮기는 번

거로움이 없는 것은 덤이다.

가끔 혼자 짧은 여행길에 오를 때도 캐리어보단 배낭이다. 마찬가지로 속옷, 세면도구, 충전기, 다이어리에 잠옷 겸 외출복 한 벌. 욕심부리면 읽고 싶은 책 한 권. 이 정도도 어깨로 매기에는 은근히 무거워서 매번 후회한다. '아, 그냥 작은 캐리어라도 챙길걸.' 그런데 "부칠 짐 있으세요?" 물음에 "아니요!"라고 답할 때의 묘한 쾌감이 좋아서, '배낭 하나'가 주는 단출한 기분, 그 상징성이 좋아서 결국 또 배낭을 고르고야 만다.

'자유'를 물성화하면 '최소한의 배낭'이 아닐까. 부족하지만 충분한 배낭 하나를 메고 걷고 싶은 길을 걸을 때, 더할 나위 없음을 느낀다. 최소한의 행복을 확인할 때, 비로소 다시 자유로워진다.

물론 그 배낭 하나가 진실로 충분할리는 없다. 어쩌면 이 모든 것은 더 많이 얻고자, 더 인정받고, 더 많이 벌고, 더 잘 먹고 많이 갖고자 애쓰는 '현생'에서 간헐적으로나마 '무소유'를 모사하는 작업에 가까울 것이다. 언제든 축적해 온 '소유'로 돌아갈 수 있다는 확신에 기반한다는 점에서 이는 필시 실패할 수밖에 없는 작업이다. 하지만 최소한의 소유를 거듭 점검해 두 눈으로 확인하고 양어깨로 짊어지는 그 과정만으로도 의미는 있다. 먼 훗날 정말 긴 여행을 떠나게 되는 날, 그때 가져갈 수 있는 짐은 진정 아무것도 없다는 것을 명징하게 상기시키기 때문이다. 그러니까 결국 또, 배낭이다. 그러니까 결국 또, 같은 질문을 한다. '이게 꼭 필요할까?'

제3장
—나를 지키는 일상 프로젝트

아무튼, 여행

'아무튼' 시리즈는 '나에게 기쁨이자 즐거움이 되는, 생각만 해도 기분 좋은 한 가지를 담은 에세이' 시리즈로, 위고, 제철소, 코난북스 세 개의 출판사가 함께 펴낸다. 나의 세계를 지탱하는 꼭 하나의 키워드를 필터로 삶을 이해하고 위로하는 방식이 다채롭게 매력적이다. 나와 접점이 있는 키워드(달리기, 떡볶이, 술, 노래 등)는 공감으로, 상극인 키워드(뜨개, 피아노, 잠수, 서핑 등)는 새로운 세계에 대한 호기심으로 재미있게 읽힌다.

    섭외도 들어온 적 없는 '아무튼' 시리즈의 필진으로 참여하게 된다면 나의 키워드는 무엇일지 생각해 본 적이 있다. 아무리 생각해도 결국 '여행'이었다. 이

식상하디 식상한 결론에 도달한 뒤로 섭외의 꿈은 접었다. 그러므로 이 지면을 빌려 못다 이룬 꿈을 실현한다 보아도 크게 무리는 없겠다.

성인이 되어 직접 발급한 첫 여권의 감격을 기억한다. 고작 신분증 하나에 세계 어디로든 갈 수 있는 티켓을 손에 쥔 기분이었다. "나 이거 너덜너덜해질 때까지 쓸 거야!" 외치자 그것도 돈이 있어야 가능한 거라는 핀잔이 돌아왔다. 그 다짐을 지키기라도 하듯, 내 손으로 돈을 벌기 시작한 뒤부터는 매년 낯선 땅을 밟았다. 당연히 연차는 오직 여행을 위한 것이어야 했고, 많게는 출장을 포함해 한 해 동안 7번까지 출국을 했다. 미국, 유럽은 물론 몽골, 남미, 인도, 히말라야에 이르기까지, 내 것과 판이하게 다른 세상일수록 더 큰 희열을 느꼈다. 함께도 좋지만 혼자여야만 느낄 수 있는 것들이 있기에, 해에 한두 번은 꼭 혼자 비행기를 탔다.

여행지에서 한화로 값어치를 환산해 가늠하듯, 그 시절 나의 값어치 환산 기준은 여행이었다. '이 돈이면 여행이 몇 번이야?' 돈으로 살 수 있는 것 중 내가 생각할 수 있는 가장 가치 있는 것은 단연 여행이었다(물론 지금도 그 생각은 변함없다). 연차가 쌓이고 친구들이 차곡차곡 명품 가방을 모을 때, 나는 여권 출입국 도장을 모았다.

그리고 코로나가 왔다. 2020년 초, 지금 생각하면 우스운, 확진자가 번호 붙여 불리던 시절, 고민 끝에 마스크와 장갑을 두 겹씩 끼고 떠났던 발리로의 이직 휴가를 끝으로 여행이 전면 봉쇄됐다. 잠깐이면 될 줄 알았던 것이 해를 넘기더니 점점 그 끝이 요원해 보였다. 가슴이 갑갑하던 어느 날, 인천으로 향했다. 여행길에 늘 봐 왔던 익숙한 다리가 눈에 들어오자 가슴이 쿵쾅거렸다. '활주로 뷰'로 유명한 호텔에 도착해 유리창 너머로 박제된 공항의 모습을 보았을 때, 조금 울었다. "통일전망대 같아." 지금은 건너갈 수 없어. 언젠가, 다시 만나. 혼자 안부를 물었다.

그 시절을 통과하며 깨달았다. 내게 여행은 일종의 '평행 세계'라는 것을. 말하자면 '여행 중일 때의 나'라는 별개의 자아가 있어서, '여행 중'이라는 별도의 삶을 끊어질 듯 이어 나간다. 그래서 일상으로 돌아오면 언제 그랬냐는 듯 현실로 돌아오지만, 다시 여행길에 오르면 앞선 여행에서의 삶을 이어 살아간다. 그때 나의 마지막 기억은 직전 여행의 귀국길. 흐릿해진 줄 알았던 추억들이 다시 선명하게 떠오르고, 잊은 줄 알았던 여행에서의 사소한 루틴이 다시 몸에 배어 나온다. 그때의 나, 내 '여행의 자아'는 조금 더 잘 웃고 관대하고 여유로울 뿐 아니라 조금 더 현명하고 훨씬 더 용감해서 현실의 나를 지탱하는 데에 하나의 큰 동력이 되어왔던 것 같다.

그러니까 내게 여행을 못 한다는 것은 단순히 놀 거리가 떨어진 차원의 문제가 아니었다. 두어 달 걸러 한 번씩 이어져 온 삶이 끊어진, 나를 구성하던 두 개의 자아 중 하나가 소거된, 세계의 붕괴였다. 이후 2년 8개월 만에 첫 비행 길에 올랐을 때, 나는 울었다.

잘 짜이고 갖춰진 여행도 좋지만 그래도 아직까지 나를 가장 설레게 하는 것은 (앞서 썼듯) 짐도 계획도 최소화된 여행이다. 잃을 것도 잘못될 것도 없는 여행. 언제 올지 모르는 버스를 기다리더라도, 행여 잘못 타거나 덜컥 엄한 곳에서 내려 버리더라도, 그저 조금 돌아가거나 목적지를 수정하면 되는 여행. 애초에 정답이 없으니 오답도 없고, 계획이 없으니 실패도 없다.

언젠가의 그런 여행에서 썼던 일기.

맨 얼굴로, 3분이면 꾸릴 수 있는 최소한의 짐을 지고, 아무런 계획도 예약도 없이 어디로든 흘러드는 여행. 붐비는 맛집 대신 바다가 보이는 편의점 컵라면을, 예약조차 경쟁인 이름난 숙소 대신 인심 좋은 어르신이 운영하는 낡은 민박을 찾는 여행. 만일 내게 두 개의 삶이 주어진다면 주저 없이 택했을, 스무 살 언저리에 두고 온 인생. 이렇게 간헐적으로나마 그 감각, 내가 상상할 수 있는 가장 완벽한 자유의 감각을 확인하고 나면, 안도감이 인다. 어디서든, 어떤 형태로든 괜찮을 것이라는 위안 같은 것.

배낭을 메고 공항에 선 스스로의 모습을 상상하는 것만으로도 가슴이 뛴다. 그러니 다른 선택지가 있을까. 나의 세계를 지탱하는 꼭 하나의 키워드는 역시 여행, 여행이다. 다음엔 어디로 떠날까.

좋아함의 연대

학창 시절, 교실은 두 개의 파벌로 나뉘어 있었다. "너 g.o.d야, 신화야?" 대답을 강요받을 때마다 질문자의 의중을 파악하느라 애를 먹었다. 슬금슬금 눈치를 보다 결국엔 더 친해지고 싶은 쪽의 답안을 따라가곤 했다. 친해서 같은 취향을 갖게 된 것인지 취향이 같아서 친해진 것인지는 모를 일이지만, 그때 처음 알았다. 같은 대상을 좋아한다는 것만으로 갖게 되는 극도의 유대감을.

이후 입시와 취업을 거치며 '취향'이라는 키워드는 자취를 감췄다. 물리적, 경제적 자립을 확보하고 나서야 본격적인 탐색이 시작됐다. 분명한 색을 가진 멋진 어른이 되고 싶었는데, 가진 색이 구체화될수록 간절해지는 것은 같은 색을 가진 사람들과의 만남이었다. 그리하여 나의 20대가 좋아하는 것들을 찾는 여정이었다면, 30대는 함께 좋아하는 사람들을 찾는 여정이 되어 가고 있다.

대표적인 대상으로 드라마 〈멜로가 체질〉(JTBC, 2019)이 있다. 종영한 지 5년이 넘었는데, 여전히 잠이 덜 깬 아침이면 수다 떨듯 틀어 놓고, OST 도입부만 들어도 가슴이 뛴다. 수십 번은 봤던 장면임에도 매번 볼 때마다 안 들리던 대사가 들리고, 안 보이던 캐릭터가 보인다. 당연히 좋아한다는 사람이 있으면 눈을 반짝이며 다시 보게 된다. 설령 안 맞는다 여겼던 사람조차 그간의 경험을 오해로 단정하게 한다.

그러다 최근 대본 리딩 모임에 들어갔다. 돌아가며 배역을 맡아 연기도 하고, 캐릭터와 작품에 대한 분석을 공유하는 모임이었다. 근래 활황인 여타 커뮤니티들처럼 모객을 위해서라도 복수 작품을 내세울만 한데 놀랍게도 (시청률도 높지 않은) 〈멜로가 체질〉 한 작품에 초점을 맞추고 있었다. 떠듬떠듬 대사를 흉내 내며 첫 모임을 기다리는 동안 가슴이 뛰었다. 도대체 어떤 사람들이 올까.

    처음엔 쭈뼛쭈뼛 낯을 가리던 사람들이 가장 좋아하는 캐릭터와 장면, OST를 이야기하며 순식간에 공감대를 형성한다. "어, 저도 그 장면 제일 좋아해요!" "그거 아세요? 이 장면 찍을 때…." 모두가 같은 열병을 앓다 보니 대본집은 곧 성서가 되어 대화 중간중간 씬과 대사를 인용한다. 가령 내가 "가슴이 폴짝폴짝" 뛴다고 하면, 저쪽에서 "나풀나풀" 뛴다고 받아치는 식이다(〈멜로가 체질〉 2부 씬 넘버 16 인용).

    그제야 잊었던 감각을 깨친다. 같은 대상을 좋아한다는 것은 공통된 배경지식을 공유하는 일이었다. 구구절절 설명하지 않아도 이해받을 수 있는 가능성에 대한 것이었다. 함께 좋아하는 사람을 찾고 싶었던 마음은 사실, 같은 맥락에서 울고 웃을 수 있는 사람에 대한 그리움이었는지도 모르겠다. 이 대상 없는 그리움이 가실 때까지 나는 좋아하는 드라마 얘기가 나올 때마다 누군가 〈멜로가 체질〉을 지목해 주길 두근대며 기다리겠지.

    어느덧 마지막 모임을 앞두고 있다. 음주, 수다를

즐겨 하는 등장인물들의 감정을 좀 더 깊이 있게 탐구하기 위해, 다음 모임 땐 각자 선호하는 알코올을 준비해 오기로 했다. 넘치는 수다 덕에 대본 리딩의 비중이 예상보다 많이 낮아지긴 했지만, 드라마 속 대사처럼 "맛있게 떠들고 맛있게 먹"는 것으로 연기를 대신한다. 그런… 거다.

제4장

있는 그대로의 나를
사랑하는 법

마흔의 나는 분명 오늘,
서른다섯의 나를 예뻐할 테니까

내가 되고 싶은 할머니의 모습은?

있는 그대로의 내 얼굴을 사랑하는 법

돈을 아껴서는 안 된다고 생각하는 것이 세 가지 있다. 책, 여행, 그리고 피부.

　피부과를 꾸준히 다닌 지 5년 정도 된 것 같다. 시작은 그냥 귀찮아서였다. 화장품 종류는 너무 많고, 나는 좋다는 화장품을 골라 사 쓰고 꾸준히 '홈 케어'를 할 만큼 부지런하지 못하니까. 언젠가 한 예능에서 가수 이효리가 핸드크림을 얼굴에 바르는 장면을 보고 많은 사람이 경악했는데, 크게 동요 없는 편이었다고 하면 설명이 될까. 그래도 삼십대에 접어들면서부터는 죄책감이 들어서, 비싼 화장품에 쓸 돈에 조금 보태 피부과에 쓰기로 했다. 지금도 대부분 남편이 쓰는 화장품을 함께 쓰고 바르는 제품도 두 개를 넘지 않지만, 매달 피부과는 성실히 다닌다. 그렇다고 피부가 어마어마하게 좋은 것은 아니지만 스스로의 게으름을 감안할 때 만족해 온 편이었다.

그랬던 피부가 조금씩 다르다고 느낀 것은 명백히 삼십 대 중반이 된 해부터였다. 업무가 몰려 바쁜 주간, 여느 때처럼 한 주 가까이 밤을 새우다시피 했는데 눈 밑이 거뭇해졌다. 잠 좀 자면 나아지겠지 생각했지만 그렇지 않았다. 응급실을 찾듯 피부과로 향했고 그 그늘을 지우는 데에는 상당한 기간과 돈이 들었다. 또 하루는 거울을 보는데 문득 팔자주름이 눈에 들어왔다. 엊그제까지만 해도 안 보였는데, 언제 생긴 거지? '노화'란 슬금슬금 조금씩 눈치채지 못하게 다가오는 것인 줄 알았다. 겪어 보니 아니었다. 어느 날 문득 갑자기, 그렇게 한 움큼씩 다가오는 것이었다. 어느 아침 갑자기 생겨나는 쌍꺼풀처럼.

얼마 전 피부과를 찾았다가 '이제 적은 나이는 아니시니까' 탄력에 신경 써야 되겠다는 말을 들었다. 이어 워낙 얇아 처지기 쉬운 피부라는 진단을 듣자 마치 어떤 '선고'를 받은 듯했다. 문을 나서는데 남편에게 전화가 왔다. 잘 다녀왔냐는 물음에 그만 울음이 터져 버렸다. 어디가 아픈 것도 아니고 그렇다고 무슨 큰 변화가 벌써 일어난 것도 아닌데 뭐가 그렇게 서러웠는지, 울면서도 스스로 이해가 가지 않아 설명할 길이 없었다.

집에 와 차분히 마음을 가라앉히고 생각해 보니 그것은 '상실감'이었다. 돌아갈 수 없는 얼굴이 꼭 돌아갈 수 없는 청춘 같았다. 청춘의 끝이라는 것이 꼭 '퇴행'의 시작 같았다. 어제보다 덜 예쁘고 덜 건강한 내일을 맞을 마음의 준비가 나는 전혀 되어있지 않았다.

한동안 탄력에 좋다는 이런저런 제품과 시술을 검색하며 시간을 보냈다. 하나같이 어마어마한 가격이었다. 아, 이제 현상을 유지하기 위해서도 돈이 드는구나, 생각하니 암담한 기분이 들었다. 그런데 검색을 하다 느낀 점은 참 끝도 없더라는 것. 하나가 거슬리면 쪼르르 병원으로 향하고 또 하나 문제가 생기면 다시 또 병원으로 향하는, 끝없는 종종거림을 상상했다. 그것은 마치 새 차를 샀다가 작은 문제가 생길 때마다 수리센터로 향하는 차주의 마음 같았다. 경험상 손쓸 수 없이 많이 흠집이 생기고 나서야 비로소 그 종종거림은 종료되었다. 노화도 그런 것일까 궁금해졌다.

탄력에 좋다는 레이저를 받고 돌아오는 길, 거울을 봐도 전과 큰 차이를 느낄 수 없었다. 돈을 써도 크게 개선되지 않는 것을 확인하고 나니 이상하게 외려 마음이 편해졌다. 돈과 노력으로 거스를 수 있는 게 아니라면, 내 탓이 아니라면, 선택지는 유일하니까. 받아들이는 것. 문득 옛 얼굴들이 궁금해 사진첩을 뒤적였다. 그나마 기특한 것은 이런저런 용도와 호기심으로 필터 가득 먹은 셀카가 아닌 사진 촬영을 조금 해 두었다는 것. 스물아홉에는 마지막 이십 대를 기념해 용기를 내 개인 화보를 찍었고, 서른둘엔 각종 제출 목적으로 프로필 사진을 찍어 두었다(서른둘에 프로필 사진을 찍으며 느낀 바를 전작 《행복해지려는 관성》에 같은 제목으로 실은 바 있다). 불과 몇 해 전인데 벌써 애틋한 건 비단 눈 밑이나 팔자주름, 탄력 때문만은 아닐 것이다.

문득 사진을 더 많이 찍어 둬야겠다는 생각이 들었다. 곧장 미루고 미루던 새 프로필 촬영을 예약했다. 언제까지고 서른둘의 얼굴을 나라고 우길 수는 없을 테니까. 그리고 마흔의 나는 분명 오늘, 서른다섯의 내 얼굴을 예뻐할 테니까. 새 사진이 나오면 주르륵 놓고 작별 의식이라도 치를 셈이다. 나를 이만큼 키워 온 스스로의 역사에 대해 감사의 마음을 담아, 예쁜 줄 몰랐지만 예뻤던 과거의 내 얼굴들을 놓아 줄 준비, 그리고 새로운 내 얼굴을 받아들이고 건강하게 사랑할 준비.

하도 피부 고민 검색을 해서인지 온종일 홈 케어 디바이스 광고가 뜬다. 왠지 모를 책무감에 태어나 처음 주문을 해 본다. 다시는 없을 특가 298,000원. 결론은, 돈을 열심히 버는 걸로⋯.

내가 되고 싶은 할머니

즐겨 보는 유튜브 채널이 생겼다. '안녕하세요 최화정이에요'. 배우 최화정은 63세에 유튜브에 도전해 석 달 만에 구독자 수 60만을 달성했다. 그의 채널을 보고 있으면 전에 없던 힐링을 느낀다. 통상의 비우고 거리 두는 종류의 위안이 아니라 채우고 다가서고 싶은 에너지랄까.

우선 건강하게 요리해 먹는다. "맛있으면 0칼로리"라는 희대의 명언을 탄생시킨 장본인 답게 그는 끼니에 진심이다. 평소 쓰는 식재료와 도구로 간단하게 뚝딱 상을 차려 내는데, 건강할 뿐 아니라 멋스럽고 창의적이기까지 하다. 더불어 직접 고른 물건을 아낀다.

집안 곳곳 손길이 닿지 않은 곳이 없고, 고급스러운 디자이너 제품만큼 수십 년 된 살림살이를 아낀다는 것을 알 수 있다.

한번은 PD가 그의 가방을 보고 "비쌀 것 같다"라고 말했다. 놀랍게도 그것은 명품이 아닌 한 SPA 브랜드의 4만 원대 가방이었다. "파티 때 다 이것만 들었어. 나 이거 '디올'이었어도 샀어." 스스로의 취향과 안목에 대한 자신과 그 기저의 견고한 자존감이 빛났다. 유난히 잘 어울리는 빨간 체크 남방은 무려 15년이 넘었다고 하니, 이쯤 되면 체형이든 물건이든 그 관리법이 궁금해질 따름이다.

채널을 다 보고 나면 이렇게 귀결된다. '저렇게 나이 들고 싶다.'

나이 듦이 두렵지 않다고 하면 거짓말이다. 스물다섯 되던 해에 접한 '크리스마스 케이크 괴담'(여자 나이는 크리스마스 케이크와 같아서 25를 기점으로 값이 떨어진다는 얼토당토않은 이야기)을 시작으로 차곡차곡 내재화 되어온 공포이기에 마냥 의연하기란 쉽지 않다. 뭐라도 될 줄 알았는데 여전히 그 '뭐'를 고민하고 있는 현실과, 하루가 다르게 체감하는 체력의 퇴보 앞에서 무력하게 조급해진다. 마흔을 예습하면서 의식적으로라도 어려 보이는 일보다 멋있게 나이 드는 일에 마음을 쏟으려 하고 있다.

그간 대단한 장래 희망들을 읊어 왔지만 사실 거의 유일하게 분명한 사실은 '할머니'가 된다는 것이다. 《장래희망은, 귀여운 할머니》(하정, 좋은여름)라는 제목의 책이 있다. '어떻게 나이들 것인가'는 곧 '어떤 할머니가 될 것인가' 아닐까. 61년생인 배우 최화정 역시 통상의 기준으로는 '할머니'이다. 다만 명랑하고 사랑스러운. 빨간 체크와 레드 립, 헤어 밴드가 잘 어울리는. 일반의 나이에서 자유로운 그의 모습은 다양한 60대, 다양한 할머니의 모습을 상상하게 한다.

한 '캔디'(구독자 애칭)의 댓글을 옮겨 본다.

> "언니를 30대에 만난 걸 행운이라고 생각해요. 명랑한 60대를 준비할 수 있잖아요. 언니 덕분에 저의 미래도 기대되고 나이 듦이 두렵지 않아요."

생활을 잘 돌보고 취향을 잘 가꾸는 할머니가 되고 싶다. 그 미약한 시작으로 인스턴트 가득한 냉장고에 각종 채소와 과일을 들였다. 한때 공들여 골랐지만 지금은 까맣게 잊어버린 옷들을 손질해 잘 보이는 곳에 걸어 두었다. 각기 다른 소재, 핏의 흰 셔츠를 헤아리다 15년이 지나서도 입을 수 있을까 생각했다. 문득 모델 야노 시호의 한마디가 떠올랐다. "패션 아이템 가운데 가장 좋아하는 것은 흰 셔츠입니다. 몇 살이 되어도 흰 셔츠가 어울리는 여성이고 싶어요." 흰 셔츠가 어울리는 나의 60대를 상상해 본다. 어쩐지 이제는 반길 수 있을 것 같다.

안전한 솔직함에 대하여

전작 《행복해지려는 관성》에 대해 이런 리뷰를 본 적이 있다. '사회화된 ○○○ 작가' 같다고. 일단 나는 ○○○ 작가를 존경하기에 그 평은 극찬 중에 극찬이었고, '사회화된'이라는 표현이 스스로가 생각하는 내 글의 정체성, 보다 명확하게는 '한계'에 부합하기에 절로 고개를 끄덕였다. 그 적확함에 감탄하면서도 폐부를 찔린 것 같아 어쩐지 머쓱하기도 했다. 한번은 동료 작가에게 이런 칭찬(?)을 들은 적도 있다. "글을 참 착하게 잘 쓰시는 것 같아요."

'사회화' 됐다는 것, '착하'다는 것. 바꿔 말해 눈치 본다는 것. 내 글을 읽을 수많은 타인의 입장을 체화해 적당히 거르고 넘치지 않게만 솔직한 것. 독자뿐 아니라 직장 상사, 업계 동료, 남편, 부모님, 시부모님의 눈으로 불편한 지점을 살피고 재단해 안전한 글만을 쓰는 것. 이런 내용이 신문에 나가면, 책에 실리면, 싫어하지 않을까, 나를 어떻게 볼까. 요컨대 '안전한 솔직함'인 셈이다.

그렇다면 '안전하지 않은 솔직함'은 무엇일까. 지극히 개인적, 극단적 예시로 나는 글에 '섹스'라는 단어를 쓰지 못한다. 연관된 주제를 떠올리지도 못할 뿐더러 입에 올리는 것도 촌스럽게 쑥스럽다. 하물며 글에 박제하는 것은 어떻겠는가. 모르긴 몰라도 내가 존경하는 대부분의 작가들은 이렇게 말할 것이다. '그게 뭐 어때서? 필요하면 쓰는 거지.'

'주요 일간지 칼럼'이라는 주된 기고 매체의 특성도 물론 영향이 있을 것이고, 전업 작가가 아니라 '생업'이 따로 있다는 점도 마냥 솔직할 수만은 없는 지점이기도 하다. 그렇게 핑계를 대면 댈 수도 있겠지. 하지만 사실, 성향인 것이다. 전업 작가가 되어 독자들과 1:1 DM을 한다고 한들 내가 그런 글을 쓸 수 있을 리 만무하다.

그런데 한편, 이런 생각도 든다. 대부분의 사람은 '섹스'를 쓰지 못한다. 대부분의 사람은 출근을 걱정하고 상사의 눈치를 보며 동료들의 시선을 의식한다. 대부분의 사람은 사랑하는, 사랑했던 사람과의 은밀한 이야기를 대중에 드러내 놓기 어려워하고, 대부분의 사람은 '솔직'이라는 재능을 조금은 경외하는 것 같다, 나처럼. 뿌연 담배 연기를 내뿜으며 아무렇지 않게 잠자리 일화를 늘어놓던 그 시절 여자 선배를 바라보는 조마조마하고 간질간질한 마음으로.

전작이 기대 이상의 사랑을 받으면서 이런 후기를 썼다.

지극히 평범한 사람, 평범한 일상이라 이런 걸 책으로 내놓아도 되나 하는 마음으로 엮었습니다. 흔히들 '나만 할 수 있는 이야기'가 있는 사람이라야만 좋은 책을 쓸 수 있다고 하는데, 글이 매력적이려면 사람이 매력적이어야 한다고 하는데, 나는 특별한 이야기가 있는 사람이 아닙니다. 특별히 매력적인 사람도 아닙니다. 재미있는 사람도, 용기 있는 사람도, 바닥까지 솔직한 사람도 아니에요. 외려 쓸데없이 진지하고, 주저하고, 눈치 보는 사람입니다.

 스스로의 한계를 명확히 알기에, 그래도 이런 나를 좋아해 주었으면 하고 바라던 스무 살의 유약함으로, 그래도 이런 내 책을 좋아해 주었으면 하고 바랐습니다. 그런데, 그 '한계'의 다른 이름은 한편 '공감'이기도 했다는 것을, 조금은 깨닫고 조금은 용기를 얻고 있습니다.

 세상에 이런 사람도 저런 사람도 있듯, 이런 작가도 저런 작가도 있(어야 한)다고 생각한다. 작가라면 모름지기 '바닥까지 솔직해야 한다'는 말의 취지에는 공감하지만, 모두가 그것을 달성할 수는 없다. 그냥 그렇게 써지는 대로, 나의 성향이 쓰는 대로 받아 적을 뿐. 누군가에겐 차마 바닥까진 솔직하지 못하는 그 '사회화됨'이 도리어 진솔한 모습일 수 있다.

 언젠가 내가 '그때의 A는'으로 시작하는 문장을 '그 단어'와 함께 쓰게 되는 날이 온다면, 그것은 아마 소설의 형태를 취할 것이다. 나는 아주 평범한 사람이니까.

뒤끝이라는 특권

속을 알 수 없는 사람보다는 솔직한 사람이 좋았다. 혹시 내가 서운하게 하지는 않았나 노심초사 마음 쓰지 않아도 되는 사람. 자연스럽게 주변에는 자신을 직설적이라 소개하는 이들이 많았다. 몇몇은 말을 너무 세게 한다는 이유로 공공연히 호불호가 갈리는 인사였다. 가끔 상처받았지만 괜찮다 여겼다. 대신 저 친구는 '쿨'하니까.

 사회생활을 하면서 보다 다양한 유형의 인간 군상을 만났다. 자신을 '솔직한 편'이라 소개하는 이들도 심심치 않게 보았다. 모두가 그랬던 건 아니지만, 대개 그 소개의 맥락은 불쾌한 감정과 닿아 있었다. "미안, 내가 좀 솔직한 편이라." 어떤 이들은 그저 스스로의 무례함을 포장하기 위해 그런 표현을 쓴다는 것을 알게 됐다. 그리고 그들은 하나같이 덧붙였다. "대신 나는 뒤끝은 없어."

돌이켜보면 '그들'은 늘 뒤끝이 없었다. 없을 수밖에 없었다. 뒤끝이 있는 것은 늘 상처받는 쪽이었다.

쿨하디 쿨했던 한 친구의 모욕적인 말이 아직도 불쑥불쑥 생각난다. 화낼 줄 몰랐던 그때는 뒷골이 싸하게 얼얼해져 오는 것을 느끼면서도 애써 웃어넘겼는데, 시간이 지날수록 흐릿해지기는커녕 매번 새삼스럽게 다가오는 그 흉포함에 화들짝 놀란다. 사무실에서 고함치던 어떤 이의 모습도 선명하다. '미안했다' 한마디를 일방적으로 던져 두고 받아들이든 말든 무심한 그 태도에 아연하다 못해 허무했다.

그들은, 말을 삼키는 법이 없는 만큼 혹시 모를 속마음을 염려할 필요는 없었지만, 그들 역시 내 마음을 살피지 않았다.

타인에게 상처 주지 않는 방식으로 건강하게 털어놓는 솔직함이라면야 응당 좋겠지만, 극단적으로 '무례한 솔직'과 '무해한 위선' 중 하나를 골라야 한다면 이제 나는 차라리 후자를 택한다. 마주 앉은 상대의 본 모습에 가까워지고자 탐정처럼 애쓰던 시절도 있었지만, 선해 보이고자 하는 하는 그 의지 자체가 값이 나가는 것임을 지금은 알고 있다. 종종 삼키는 말, 접어 두는 생각이 있더라도 그것이 배려의 다른 얼굴이라고 생각하는 편이다.

경험치인지, 요즘은 누가 자신을 '뒤끝 없다' 소개하면 주춤한다. 아무래도 나는 뒤끝 있는 관계가 좋은 것이다. 시간과 마음을 들여 상대를 살피고 서로에게 조금은 지질한 관계가 한결 더 애틋하다. 사랑하는 만큼 소심해진다. 진심에 '쿨'은 없다. 이는 비단 연애 관계에만 국한되는 것은 아닐 것이다.

얼마 전 그 쿨했던 한 이로부터 연락이 왔다. 보고 싶다, 잘 지내냐 물어왔지만 나는 잘 지낸다고만 대답했다. '뒤끝'은, 마음 썼던 자만의 특권이니까.

제4장
—있는 그대로의 나를 사랑하는 법

89년생 김지영

이름이 싫었다. 정확하게는 이름이 흔한 것이 싫었다. 당장 내 연락처에만 4명의 '지영'이 있다. 성까지 흔하다 보니 어딜 가든 김지영 1, 2 혹은 A, B 등으로 불리기 일쑤였고, "앗, 다른 김지영한테 전화한다는 게 미안" 하는 전화도 곧잘 받곤 했다. 개명까지는 못하더라도 언젠가 아이를 낳게 되면 반드시 특별한 이름을 지어 주리라 다짐했다. 그리고 책 《82년생 김지영》(조남주, 민음사)이 세상에 나왔다. 그 화제력과 판매고에 힘입어 나의 이름은 대한민국에서 가장 유명한 보통 여자 이름이 되었다. 애초에 주인공 이름이 '김지영'이 된 것도 82년도에 가장 흔한 여자 이름이기 때문이라고 했다.

칼럼에는 '너는 몇 년생 김지영이냐'와 같은 댓글이 달리기 시작했다. 글을 쓴다고 하면 "《82년생 김지영》을 썼냐"라는 무지한 질문이 돌아오기도 했다. 한 번도 아니고 몇 번씩이나(김지영은 소설 속 주인공의 이름이다). 심지어는 '김지영'이라는 이름을 가진 것만으로 "너도 페미('페미니스트'를 비꼬아 이르는 말)냐"라는 비아냥을 듣기에 이르렀다. 그래도 그때부터 사람들은 내 이름을 기억했다. 익히 들었던 '그 이름'으로.

사정이 이러하니 전작을 출간하면서 가명을 고민했다. 안 그래도 평범한 사람의 평범한 이야기인데 이름조차 '김지영'이다 보니 무색무취의 책이 될까 염려됐기 때문이다. 하지만 아무래도 일간지에 실명으로 연재했던 칼럼들을 엮은 것이어서 마지못해 그대로 나오게 되었다.

그런데 출간 후 깨달았다. 이 무딘 이름조차 책의 한 구성 요소였다는 것을. 베스트셀러 목록 속 유명 인사, 인플루언서들의 화려한 성공, 화려한 필명들 사이, 어디에나 있는 이름의 별것 아닌 일상, 별것 아닌 행복. 그 '평범함'이 오히려 이질적으로 돋보였다. 어떤 가명이 이보다 더 이 책에 어울릴 수 있을까. 노련한 편집자의 의도된 기획이라 해도 고개를 끄덕일 만했다.

당시 한 매체와 진행했던 인터뷰에서 이런 말을 했다.

> (책이 과분한 사랑을 받은 것은) '우리' 이야기라서 아닐까. 위인이나 엄청난 성공가의 이야기보다는 나와 비슷한 또래의 다만 조금 더 정제된 생각이 공감을 자아내는 게 아닐까 한다. 내가 하고 싶은 말, 듣고 싶은 말을 대신 쓰고 대신 말해 주는 것. 그리하여 생면부지 타인이 쓴 책 한 권이 온전히 나의 일기장처럼 여겨지는 일. 가장 깊은 위로는 공감이 전제될 때에만 가능하니까.

(전작에 썼듯) 여전히 가끔 '일기는 일기장에'와 같은 댓글을 본다. 전엔 상처도 받았지만 어느덧 연재 8년 차에 접어든 지금은 받아들이는 편이다. 평범한 이름의 평범한 사람이 쓰는 평범한 이야기이기에, 어찌 보면 당연한 반응일 수도 있겠다는 생각이다. 다만 그 보통의 일기가 가능한 많은 이에게 공감으로 위로로

가닿기를 감히 바라면서, 지극히 평범한 '김지영 I'은 아직 쓴다. 내 것이기도, 당신의 것이기도 한 일기를.

제4장
—있는 그대로의 나를 사랑하는 법

취준의 추억

2012년 봄, 벚꽃과 함께 공채 시즌이 시작됐다. '취준'이 아무리 어렵다 어렵다 해도 '나는' 괜찮을 줄 알았다. 학점도 좋았고 뭐든 경험하기를 좋아해 학생회부터 각종 대외활동 경력, 수상 실적까지 빼곡했으니까.

정확히 8개의 서류를 썼다. 수십 개의 서류를 쓰는 친구들에 비해 나름 배짱을 부린 셈이었다. 태생이 MBTI J형(계획형)답게 엑셀 파일을 만들어 그간의 경험과 가고 싶은 회사의 인재상을 매핑하듯 정리했다. 관심 직무는 마케팅이었다. 학교 축제 같은 행사들을 기획하고 운영하면서 어렴풋하게 마케팅이라는 직무에 관심을 갖게 됐고, 대학교 2학년부터 관련 대외활동을 시작했다. 그러니 정확하게는 마케팅이 꼭 하고 싶었다기보다는 마케팅을 키워드로 쌓은 '스펙'이 가장 많았다.

첫 번째 서류 전형 불합격 메일을 받았을 땐 그런대로 괜찮았다. 하지만 두 번째, 세 번째 메일을 받으면서 무언가 잘못됐음을 깨달았다. 남자 학우들은 일단 서류는 척척이었다. 학점도 경험도 무관해 보였다. 비단 나 개인만의 문제로 여기기엔 그 경험이 너무 보편적이었다. 머리를 세게 얻어맞은 기분이었다. 그때 알았다. 내가 어렸다는 것을. 여자여서 못할 것은 없다고 큰 소리 뻥뻥 치고 다닌 나를 비웃듯, 여전히 존재하는 사회의 불평등을. 그나마 다행으로 서류가 붙은 2개 회사는 최종 면접까지 보게 됐다. 하나는 호텔 영업관리직, 다른 하나는 소비재 회사의 마케팅 직무였다.

첫 번째 호텔 면접은 큰 홀 안에서 이루어졌다. 그 안에 천막으로 된 부스가 여러 개 있었고, 조를 나눈 면접자들이 줄지어 부스로 들어갔다. 최대한 많은 면접자를 최대한 빠르게 평가하기 위해 고안된 구조였다. 모두가 똑같은 검정 정장 차림으로 초조하게 등급 판정을 기다리는 모습이 어딘지 기괴했다. 마침내 내가 속한 조의 차례가 되었다. 다섯 명이 한 번에 들어갔고 여자는 나뿐이었다. 잘 보고 말고 할 것도 없었다. 1분 자기소개를 제외하고는 내겐 질문조차 거의 없었다. 어안이 벙벙했다. 이걸 보고 나를 안다고?

두 번째 소비재 회사 면접은 그야말로 최악이었다. 당시만 해도 '압박 면접'이 트렌드 끝물이던 때였다. "너무 적극적이어서 부담스럽다는 얘기 안 들어요?" 머리가 하얘졌다. 원래도 긴장을 잘하는 편인데다가 면접 경험도 많지 않은데, 여럿이 매섭게 쏘아보는 분위기 속에서 텐션도 페이스도 저 멀리 놓쳐 버렸다. 무슨 말을 한지도 모르게 입으로 면접을 봤다. 면접장을 나오는 순간 확신했다. 떨어졌구나…. 한심했다. 고작 이 정도라니. 나, 취직은 할 수 있을까?

어디라도 숨고 싶었다. 집에 가고 싶진 않았다. 무작정 영화관으로 가서 가장 슬퍼 보이는 영화를 골랐다. 《코리아》(2012, 문현성 감독). 실화를 바탕으로 한 남북 탁구 단일팀 이야기였다. 일단 포스터가 울고 있었다. 그거면 충분했다. 평일 낮의 영화관은 한산했다. 눈물 콧물 흘리며 흉하게 울어도 눈치 줄 사람은 그야말로 아무도 없었다. 상영 시간 내내 머릿속에서는 화면에서 펼쳐지는 스토리와 무관하게 아까의 창피한 내 모습만 반복 재생되고 있었다. 그때 휴대폰에 메일 알림이 떴다. '지원해 주셔서 감사합니다. 귀하의 역량은 훌륭하나…'로 시작하는, 앞서 면접을 봤던 호텔의 최종 불합격 메일이었다. 간신히 잡고 있던 희망의 끈이 야멸차게 끊어지는 순간이었다. 2012년 5월 18일, 명동 CGV. 목 놓아 울었다.

그렇게 첫 취준 학기, 모든 가능성이 사라지고 나는 다시 제로베이스가 되었다. 가져 본 적도 없었지만 한바탕 잃고 나니 오히려 머리가 맑아지는 기분이 들었다. 애초부터 내 가슴을 뛰게 하는 키워드는 '콘텐츠'였다. 호텔도 소비재도 원한 적 없었고 그저 채용 공고 타이밍이 맞았을 뿐이었다. 글로벌 콘텐츠 기업의 인턴 공고를 봤었지만 말도 안 된다고 생각했었다. 내가 무슨 외국계야, 내가 무슨 그런 유명한 회사를, 얼른 취직해야지 무슨 인턴을 6개월씩이나 해…. 하지만 모든 선택지가 사라지고 나니 밑져야 본전이라는 생각이 들

제4장
—있는 그대로의 나를 사랑하는 법

었다. 서류 합격 전화를 받았을 때만 해도 설마설마 했다. 사무실에 가 보는 것만으로도 영광이라는 마음으로 이후 몇 차례의 면접을 거쳤다. 결과는 최종 합격이었다.

그렇게 6개월, 정말 많이 배우고 성장했다. 6개월 늦게 취직하는 것은 코웃음칠만큼 정말 아무 일도 아니었다. 그 경험을 바탕으로 모바일 콘텐츠로의 커리어 방향을 굳혔고, 이후 다시 취준을 할 때엔 추천서를 들고 가고 싶은 회사에 올인했다.

그 시절을 돌아보며 새삼 생각한다. 참 다행이라고. 떨어져서, 떨어뜨려 주어서. 그때 내가 그 호텔에 갔으면 어떻게 됐을까? 소비재였으면? 또 잘 적응해서 다른 종류의 꿈을 꾸고 있을지도 모르지만, 확실한 건 지금의 나는 없었을 것이다. 첫 직장이 향후 경력 방향에 미치는 영향을 그때는 잘 몰랐다.

인생이라는 게 참, 알다가도 모를 일이다. 때로는 차선이었던 선택지들이 모여 나를 좀 더 나은 방향으로 이끌어 주기도 한다. 다행이다, 참 다행이다.

신혼의 추억

결혼한 지 10년쯤 되다 보니 결혼을 고민 중이거나 준비 중인 이들이 상담 차 물어오곤 한다. "결혼하면 어때요?" 그 해묵은 질문을 들을 때마다 나는 대답 대신 오래전 독립출판의 추억을 들춰 이야기해 준다.

신혼 초, 우리는 참 많이도 싸웠다. 5년을 연애했고, 서로가 비슷한 사람이라고 생각했다. 하지만 막상 결혼을 해서 보니 생활 습관부터 여가를 보내는 모습, 스트레스를 해소하는 방법에 이르기까지 우리는 하나부터 열까지 다 다른 사람이었다. 불을 켜고 다니는 것, 수건을 다시 쓰는 것, 창문을 열고 자는 것 등 사소하지만 다른 하나하나가 다툼거리가 되었다.

제4장
—있는 그대로의 나를 사랑하는 법

언젠가 말다툼을 하다가 남편이 불행하다고 말했다. 나도 마찬가지라고 되받아쳤지만, 그 말이 참 상처였다. 그도 나도 첫 번째 직장에 다니던 때였다. 어렸고 불안했다. 진심이 아닌 줄은 알지만 억울한 마음이 들었다. 우리가 얼마나 재밌었는데. 행복한 순간들이 얼마나 많았는데.

그때부터 나는 우리의 행복한 순간들을 모으기 시작했다. '봐, 우리 이렇게 재밌고 행복했어!'하는 행복의 증빙을 남겨 주고 싶었다, 그에게, 우리에게. 당초 남편 생일 선물로 귀엽게 한 권 정도 제본해 주려던 것이었는데 기록이 쌓일수록 욕심이 생겼다. '증빙'이라는 것은 모름지기 널리 널리 알려야 효과가 배가 될 테니까. 일이 커져 독립출판의 형태를 띠게 됐다.

제목은 《오늘은 맑음—신혼이 재미있는 이유》. 제목 그대로 신혼의 재미있는 순간들을 모은 일종의 포토 에세이이다. 그 소개를 옮겨 본다.

결혼 전에는 당연할 것처럼 보였던 재미있을 이유들이 막상 결혼을 하면 유치한 거짓말처럼 들리기 시작한다.

그 이유들은 너무나 사소한 반면 현실은 가혹하니까. 사소한 로망들은 정말로 사소해진다. 그래서 역으로 결혼하기 전 순진무구한 상태에서 우리가 가졌던 환상, 실현해 온 로망들을 되짚어 보기로 했다. (중략)

결혼 후 안부 묻듯 '결혼하니까 어때?'류의 질문을 심심치 않게 받는다. 그때마다 나는 '날씨 같아요'한다. 어떤 날은 황홀할 만큼 맑지만 또 어떤 날은 흐리고, 가끔은 폭풍우가 몰아치기도 한다. '요즘 좋아?' 물어 오면 '오늘은 맑아요'하고 대답한다. 이 책은, 주로 그 맑았던 날들을 기억하기 위함이다.

신혼은 함께 행복해지기 위한 지난한 연습의 과정이다. 이 책을 통해 1년 4개월 동안의 연습에 쉼표를 찍고, 행복의 줄거리를 요약해 제목을 붙여 본다. 때때로 흐린 날도 버거운 날도 있다. 그럼에도 불구하고 신혼은 재미있다. 지금 우리는 함께 행복해지는 연습을 하고 있다.

물론 지금 보면 창피한, 조악한 만듦새의 사적 기록물에 지나지 않는다(당연히 이제는 구할 수 없다). 하지만 우리의 행복에 대한 당시 나의 변론은 꽤나 적절한 효력을 지녔던 것 같다. 1%의 불행, 아쉬움을 논하더라도 99%의 사랑과 행복을 잊지 않게 되면서 다툼은 눈에 띄게 줄었고, 지금도 가끔 들춰 보며 서로를 치하한다. 다툴 때마다 해열제처럼 되새기는 글을 여기 옮겨 본다.

「대화의 순환」
"이기적이야." 다름은 필연적으로 갈등을 수반한다. 이때 우리가 가장 쉽게 찾는 변명은 상대를 비난하는 것. 비난은 비난을 낳고 대화는 악순환에 빠진다.

그러나 타인의 이기심을 비난하는 것은 아이러니하게도 스스로의 이기심을 반증한다. 내 마음대로 되지 않는 상대에 대한 원망은 내 마음대로 되어달라는 이기심의 발로이다. 갈등의 순간, 우리는 모두 상대의 입장에서 이기적이다.

다름이 야기한 갈등이 비난의 순환으로 치닫는 것은 상대가 틀렸다 여기기 때문이다. 옳고 그름의 기준은 저마다 다르고 결국 우리가 말하는 '틀림'은 '기준의 다름'이다. 서로가 정의하는 '상식'과 '이상'이 서로가 원하는 '우리'의 존재 방식이 그저 같지 않을 뿐. 우리는 모두 저마다의 방식으로 옳다.

이럴 때, 상대의 마음을 여는 가장 빠른 방법을 우리는 이미 알고 있다. 어느 한 쪽이 틀린 것이 아니라 서로 다른 것임을 인정하고 이해받기를 원하는 만큼 먼저 이해해 주는 것. 배려는 배려를 낳고 대화는 선순환을 이룬다. 악순환과 선순환은 한끗 차이이다.

나를 비난할 때, 상대는 그저 타인이다. 하지만 나를 배려할 때 우리는 비로소 기억한다. 상대는 내가 사랑하는 사람, 나로 인해 행복하길 바라는 사람이라는 것을. 사랑하는 사람의 행복은 타인의 논리보다 힘이 세다.

이 쉬운 답을, 식상한 지혜를, 우리는 여전히 매일 잊고 매일 되새긴다.

어떤 기록은 기억을 재편한다. 책을 만든 지 8년이 흐른 지금은 다툰 기억은 가물가물해도 재미있었던 기억만큼은 선명하다. 그리고 그 덕분만은 아니겠지만, 결혼 10년 차에 접어든 지금도 그 재미있는 이유들을 갱신해 나가고 있다. 먼 훗날 언젠가 또 한 번의 기억 재편을 위해 어떤 사적 기록물이 나올지도 모르는 일이다.

제4장
―있는 그대로의 나를 사랑하는 법

김지영이고 기혼입니다

스물 하나에 만나 스물 여섯에 결혼했다. 평균 초혼 연령이 서른은 거뜬히 넘는 시대이니, 얘기하는 족족 이런 반응이 돌아오는 것도 무리는 아니다. "일찍 결혼한 거 후회 안 하세요?" 후회까진 논외로 하더라도 서러웠던 적은 있었다, 꽤나 많이.

자연스레 또래 그룹 '유부 1호'가 됐고 이런저런 농담의 타깃이 됐다. 식을 치르고 얼마 지나지 않은 술자리에서였다. 흥에 취해 대화가 오가는 가운데, 내가 무언가를 말하려 하자 한 남성 지인이 가로막았다. "아줌마는 빠져." 장난인 줄 알면서도 순간 머리가 하얘졌다. "나 화장실 좀 다녀올게!" 멀어지는 웃음소리를 뒤로하고 도망치듯 빠져나와 남편에게 전화를 걸었다. "나보고 아줌마는 빼지래…." 뭐가 그렇게 서러웠는지, 그 겨울 차가운 주차장 바닥에서 한참을 목 놓아 울었다.

돌아보니 복합적인 감정이었다. 미혼 친구들 사이 유일한 기혼으로 처음 느꼈던 소외감. 그것을 저열하게 낙인찍은 상대의 무례함에 대한 당혹스러움. 무엇보다 그 기저에는 '아줌마'라는 표현에 대한 학습된 거부감이 자리하고 있었다. 본디 '아줌마'의 사전적 정의는 '아주머니를 낮춰 이르는 말'이다. '아주머니'는 '결혼한 여자를 예사롭게 이르거나 부르는 말'이니 틀린 말은 아니었다. 비슷한 표현으로는 '유부녀'가 있었다. "아, 얘는 유부녀잖아." '유부녀(有夫女)', 남편이 있는 여자. 이 또한 사실이었다.

그럼에도 불구하고 나는 주변인들이 평균 초혼 연령(2024년 기준 평균 초혼 연령은 남성 만 33.9세, 여성 만 31.6세이다. 출처: 통계청 KOSIS)에 도달하는 5년 남짓한 기간 동안 거의 유일한 '아줌마'이자 '유부녀'로 호명되며, 매번 영문도 모른 채 수치스러워야만 했다. 지은 죄도 없이 작아져야만 했다.

제4장
—있는 그대로의 나를 사랑하는 법

그뿐인가. 일찍 결혼한 덕(?)에 의사와 무관하게 미혼으로 전제되곤 했다. 후에 기혼인 것을 밝혔을 때 혹은 어쩌다 알게 됐을 때에는 어김없이 무언의 추궁을 받았다. "왜 말 안 했어?" 이성의 경우 대하는 태도가 미묘하게 변하는 것을 느낄 때도 많았다. 오해 마시라. '자뻑'이 아니다. '어차피 결혼했으니 잘해 볼 일이 없겠군!'의 차원이 아니라, '결혼한 여자이니 선 긋고 조심해야지!'였다. 아무튼 그렇게 상대의 태세 전환을 목격하고 나면, 나는 여지없이 상처받았다.

가끔은 수고스럽게도 주변에서 이런 불상사를 사전 차단해 주기도 했다. 외부 활동을 많이 하는 편이다 보니 자기 소개할 일이 많았다. 보통은 "안녕하세요, ○○입니다. 잘 부탁드립니다" 정도가 기본 답안이고, 낯가림 여부, 자기 PR 의사에 따라 뒤에 직업 소개 정도를 덧붙이고는 했다. 내 경우도 크게 다르지 않았다. 그런데 내 의지와 상관없이 항상 따라붙던 수식이 있었다. "얘 결혼했어!" 나는 왜, 초면에 이름 소개하듯 기혼 정보가 말 그대로 '공개'돼야 하는지 이해할 수 없었지만, 그 편리함을 채택하기로 했다.

언제부턴가 초면에 기혼 정보를 녹여 냈다. 결혼한 지 몇 년이 됐다는 둥, 오늘은 남편 때문에 조금 일찍 일어나 봐야 한다는 둥 방법도 가지각색이었다. 과장 조금 보태 거의 "안녕하세요, 김지영이고 기혼입니다" 수준이었다. 물론 '안물안궁'일 수도 있지만, 스물여섯 어린 나이에 기혼이 된 뒤 체득해 온 일종의 방어기제인 셈이었다. 미묘하게 변하는 눈빛을, 소외시키는 언행을 견뎌 낼 재간이 내게는 없었다. 물론 이것도 이제 옛날 이야기이고, 미혼으로 전제해 주시면 지금은 감사합니다.

제4장
―있는 그대로의 나를 사랑하는 법

제5장

사람을 살리는 것은

끌어내 주어서, 끌려 나와 주어서 고맙다,
오늘도.

나의 세계를 보다 충만하게 하는 관계는?

사회 친구 괴담

"답이… 올까?" 눈을 질끈 감고 '보내기' 버튼을 눌렀다. 밑져야 본전인 메일 하나 보내는 게 뭐 대수라고 가슴이 두근거렸다. 공부하고 싶은 분야가 있는데 조언을 구할 길이 없었다. 검색에 검색을 거듭한 끝에 메일 주소 하나를 얻었다. 지푸라기를 잡는 심정으로 '안녕하세요, 먼저 이렇게 불쑥 연락드려 죄송합니다'로 시작하는 메일을 썼다. 조금이라도 답장 확률을 높일 수 있을까 싶어 사연에 사연을 덧대다 보니 그야말로 구구절절했다.

한동안 수시로 메일함을 들락거렸지만 답은 오지 않았다. 그렇게 한 달이 지났다. 가망이 없다 여기고 다시 본연의 안개 속을 헤매던 어느 날, 회신이 왔다. '스팸 처리되어 이제야 확인했습니다. 너무 늦지 않았을까 걱정입니다.' 텍스트 너머로도 온기가 느껴지는 다정한 메일은, 도움이 되었으면 좋겠다며 휴대전화 번호로 끝을 맺었다. 여차저차 성사된 전화 통화. 비슷한 또래, 비슷한 커리어의 여성분이셨다. 홀린 듯 여쭈었다. "저녁 어떠세요?"

약속 당일, 십수 년 만에 소개팅에 임하는 마음으로 집을 나섰다. "혹시 ○○님?" 애초에 희망 분야를 매개로 찾은 연락처이긴 했지만 이렇게까지 이야기가 잘 통할 수도 있을까. 일, 학업에서의 관심사뿐 아니라 취향까지 비슷했다. "어? 저도 그 팟캐스트 진짜 좋아해요!" 덜컥 약속을 잡고는 어색할까 걱정한 것이 무색하게, 수다는 마를 줄을 몰랐다. 중간중간 재채기를 내뱉듯 "신기하다"는 말을 몇 번이고 주고받았다. 고작 메일 하나로, 평생 만날 일이 없었을지도 모르는 낯선 이와 마주 앉아 오랜 친구처럼 식사를 하고 있었다. 그 저녁, 샴페인 한 병을 다 비운, 주량조차 비슷한 두 사람은 다음으로 소주를 기약했다.

제5장
―사람을 살리는 것은

해를 거듭할수록 '사회 친구 괴담'의 허구성을 절절히 깨닫는다. '학창 시절 친구가 진짜 친구다' '사회 친구는 오래 못 간다'는 식의 이야기들. 모든 일에 때가 있듯, 소위 말하는 '진짜 친구'를 사귀는 데에도 정해진 때와 방식이 있다고들 했다. 그렇다면 그건 너무 가혹한 일이었다. 하지만 오늘 나의 고충을 위로해 주는 것은 당장 옆자리 동료와의 커피 한 잔이었고, 공감해 주는 것은 이렇듯 관심사를 매개로 찾아 맺은 인연들이었다. 곁에 남은 소중한 이들의 역사를 짚어 보면 첫 직장부터 다음, 그 다음 직장, 독서 모임, 여행, 심지어는 SNS, 메일에 이르기까지 그 시기도 경로도 제각각이다.

얼마 전, 즐겨 듣는 라디오 채널에 사연이 하나 소개되었다. 마흔에 만난 두 친구의 이야기였다. 그땐 왜 이런 친구를 이제야 만났을까 생각했는데, 어느덧 수십 년 세월을 함께해 오고 있다고 했다. 인연에는 정해진 때도 방식도 없다. 다만 '마음'이 있을 뿐이다. '학창'과 '사회'를 구분 짓는 기준은 나이나 장소가 아닌 마음, 편견과 계산 없이 주고받는 애정과 신뢰일 것이다. 그러므로 야속한 세월과 빈약한 인복, 감옥 같은 외로

움을 탓하기 전에 해야 할 일은, 무던히 '학창'같은 마음을 지키고 내어 주는 일이다. 그리 생각하면 가슴이 뛴다. 그 마흔조차, 아직 몇 해나 남았다.

제5장
—사람을 살리는 것은

'역세권'보다 귀한 '친세권'

'칙릿(chick+literature)' 장르의 드라마를 좋아한다. 2030 직장 여성의 일과 사랑을 다루기에 공감은 쉽고 위안도 크다. '왕자 찾기'의 틀을 벗어나지 못했던 과거와 달리, 최근에는 다양성 가족을 표방하거나, 성취와 경쟁을 전면에 내세우는 등 시대 흐름을 반영한 다양한 변주가 나타나고 있다. 그러나 그 속에도 깨지지 않는 불문율이 있었으니, 바로 친구. 보다 구체적으로는 무엇이든 터놓고 나눌 수 있고 필요할 땐 언제든 달려와주는 대체로 동성의 친구다. 물론 그들은 예외 없이 가까이에 산다.

그렇다. 드라마적 삶의 구성을 위해 반드시 필요

한 요소는 왕자도, 결혼도, 대단한 성공도 아닌, 지친 하루 끝 추리닝 차림으로 동네 편의점에서 만나 맥주 한 캔 나눌 수 있는 '동네 친구'인 것이다. 그리고 그것이야말로 가장 비현실적인 드라마적 허용이다. 주거 지역은 대체로 예산과 직장이 결정한다. 마음 맞는 친구 몇 갖기도 쉽지 않은 세상에서, 그런 친구가 심지어 집까지 가까울 확률은 과연 얼마나 될까.

그런데 그 비현실적인 일이 내게도 일어났다. 얼마 전 가장 친한 친구 M이 근방으로 이사를 온 것이다. 이삿날을 달력에 표시해 놓을 정도로 기다렸지만, 각자의 직장과 가정 탓에 막상 만날 엄두를 내기란 쉽지 않았다. 그러던 어느 너덜너덜한 귀갓길, 혹시나 하는 마음에 전화를 걸었다. "집으로 올래?" 여태 혼자 식전인 게 미안해 뭐라도 사 가겠다고 하니 한사코 사양을 해 빈손으로 문을 두드렸다. "세상에, 언제 이렇게 컸어?" 일년에 몇 번, 퇴근 후 식당에서 만나 밥 한 끼 함께하는 게 전부인 해가 거듭되면서, 뱃속에서부터 만났던 친구의 딸은 어느덧 꼬마 숙녀가 되어 있었다.

M이 내어 준 편한 옷으로 갈아 입자, 몸과 마음의

긴장이 함께 풀려 나갔다. 능숙하게 요리하는 낯선 뒷모습을 물끄러미 바라보았다. 얼른 밥부터 먹으라며 밥상에 앉히는 모습이 꼭 엄마 같다고 생각했다가, "엄마, 엄마" 외치는 아이의 모습에 정신이 들었다. 교복 입고 같이 쫄면 먹으러 다니던 게 엊그제 같은데. "이걸 네가 했다고?" 도가니를 넣어 끓였다는 뭉근한 된장찌개는 탄성이 절로 나왔다. 입맛 없다는 말이 무색하게 밥 한 공기를 말끔히 비웠고, 뒤이어 M이 뚝딱 술상을 내왔다. 이제는 제법 대화가 되는 아이와 함께 물로 '짠'을 하며 시간 가는 줄 모르고 그야말로 꿈같은 저녁을 보냈다.

집으로 돌아오는 길, 마음이 들떴다. 퇴근길 번개, 편의점 캔맥, 공원 산책 등 '동네 친구'와 해 보고 싶은 일들을 기쁘게 나열했다. 물론 오늘이 정말 '드라마틱'했을 뿐, 막상 엄두내기는 것이 쉽지 않을 것임을 모르는 바 아니다. 어쩌면 만남의 빈도는 전과 크게 차이가 없을 수도. 하지만 추리닝 차림으로 맥주 한 캔씩을 앞에 두고 마주 앉은 우리를 상상하는 것만으로도, 편안하고 든든하다. 친구가 내어 준 옷, 끓여 준 찌개처럼.

드라마가 옳았다. '역세권' 집을 지키고자 매일을 났는데, 정작 내 드라마를 완성하는 것은 '친세권'이다. 그리고 그건 비단 물리적 거리만을 뜻하지 않을지도 모르겠다.

제5장
―사람을 살리는 것은

우리들의 '해방클럽'

M이 이사 오고 한참이 지났지만 따로 시간을 내기는 역시 쉽지 않았다. 얼마 전에 이르러서야 처음으로 함께 동네 맛집을 찾았는데 내내 행복하다 노래를 불렀다. 도보 거리에 이렇게 확실한 행복이 있었는데, 뭐가 그리 바빠 얼굴 한번을 못 봤을까. 억울했다. "야! 다음 주에도 봐! 아지트 만들어!"

그렇게 한 주 만에 찾은 곳은 중간 지점의 아기자기한 바. 수다는 마를 줄을 몰랐다. 해에 한두 번 보는 게 고작이라 굵직한 어젠다가 산더미였는데, 그 자리를 시시콜콜한 근황들이 메웠다. M은 최근 드라마 〈나의 해방일지〉(JTBC, 2022)를 몰아 봤다고 했다. 나는 처음 듣는 그의 드라마 취향을 사랑스럽게 지켜보다 말했다. "내 행복의 지름길이 여기 있었네." 기다리는 가족이 있어서, 해야 하는 일도 만나야 할 사람도 많아서, 한 친구를 '자주' 보기에는 왠지 죄책감이 일었다. 만나면 행복할 걸 알면서도 습관처럼 몇 달 뒤를 기약했다. "그런데 우리 일주일에 2시간 정도는 행복해도 되는 거 아닌가?" 더 자주 행복하자, 더 자주 보자, 그렇게 다짐했다.

와인 두 병을 다 비우고 충동적으로 위스키 한 병을 더 시켰다. "여기 킵 되나요?" 의식처럼 반 잔씩을 앞에 따르고 네임펜을 빌려 둘의 이름을 병에 새겼다. (당시만 해도)평소 딱히 위스키를 즐기는 편도 아니었는데, 그 물성 자체보다는 '킵' 한다는 행위에서 오는 감정을 공유하고 싶었다. 여기 내 위안이 있다는 주문 같은 것. 틀림없이 다시 이곳을 찾을 것이라는, 여기서 이렇게 다시 만날 것이라는 약속, 확신, 증표 같은 것.

그러니까 그게, 벌써 한 달도 더 전의 일이다. 그 뒤 나는 혼자, 그는 가족과 한 번씩 그곳을 찾았다. 어느 지친 저녁 홀연히 들렀다 마침 상대편이 한달음에

제5장
—사람을 살리는 것은

달려오는 그런 드라마 같은 일은 아직 생기지 않았고, 앞으로도 쉽지 않을 것이다. 다만 진귀한 재미를 알게 됐는데, 홀로 찾은 저녁, 병에 적힌 익숙한 필체가 말을 걸어오는 듯 소란해 웃음이 났다. 나는 또 펜을 빌려 언젠가 올 M에게 메시지를 남겼고 후에 찾은 그가 또 답신을 남기는 바람에, 병 하나를 두고 뜻밖의 펜팔을 주고받고 있다.

혼자여도 함께인 느낌. 볼 수 없어도 서로의 이름과 함께한다는 든든함 같은 것. 〈나의 해방일지〉에서 "추앙은 어떻게 하는 건데?" 묻는 구씨에게 염미정은 답한다. "응원하는 거. 넌 뭐든 할 수 있다, 뭐든 된다, 응원하는 거." 그의 표현을 빌리면 그 공간, 우리가 누린 것은 보이지 않아도 서로를 '추앙'하는 존재가 있다는 자각이다.

"해방되고 싶어요. 갑갑하고 답답하고 뚫고 나갔으면 좋겠어요." 미정의 말마따나 뚫고 나가고 싶은 어느 날, 다시 그곳을 찾을 것이다. 그곳에서 서로를 향한 맹목적 응원의 존재를 확인하고, 그를 밑천 삼아 구멍 난 마음을 부지런히 기워 나갈 것이다. 미정을 변화시킨 것은 구씨의 추앙이었지만, 해방시킨 것은 결국 미정 자신이었으므로.

　가게 이름도 기가 막히게 '○○케이지'다. 해방되기 위해 기꺼이 갇히는 벗과 술이 있는 공간, 우리들의 '해방클럽'. 드라마는 이제 시작됐다.

제5장
—사람을 살리는 것은

따로 또 같이 한다는 건

몇 해 전, 7년을 내리 일한 끝에 이직 휴가를 얻어 발리로 떠났다. 8일간의 혼자 하는 여행이었다. 남편도 우연히 이직 시기가 겹쳐 전형이 한창이었던 만큼 미안함도 컸지만, 언제 다시 올지 모르는 기회임을 부부이기 이전에 직장인인 두 사람은 너무 잘 알고 있었다. 여행이 중반 즈음 다다랐을 때, 그의 최종 합격 소식을 듣게 됐다. 그렇게 발리의 한 호텔에서 각자의 캐리어를 끌고 재회했다.

나흘을 함께 보낸 뒤 '혼자' 한국으로 돌아왔다. "아니, 같이 있다가 어떻게 혼자만 들어와?" 많은 이가 싸운 거냐며 우려를 내비쳤지만 나는 되레 의아했다.

"기껏 비싼 돈 들여서 왔는데 그 사람도 충분히 즐겨야지!" 그가 없던 시간, 나는 홀로 요가를 다니며 즐거웠다. 내가 없을 시간, 그 또한 홀로 스쿠버 다이빙을 다니며 즐거울 것이었다. 공항 앞에서의 작별이 아쉽지 않았다면 거짓말이지만, 그의 예정된 행복을 포기시킬 만큼은 아니었다.

어느덧 결혼 생활 10년차에 접어들었다. 내 입으로 평가하기 무엇 하지만 나름대로 건강한 관계를 다져오고 있다 자부한다. 물론 시행착오도 있었고, 여전히 서로 맞춰 나갈 지점들이 존재하지만 이 관계가 서로에게 위안이 된다는 것, 어서 집에 가고 싶은 이유가 된다는 것만은 분명하다. 그리고 그 기저에는 모순적이게도 이렇게 서로에 대한 독립성이 자리하고 있다.

결혼 후, 서로의 크고 작은 일상을 공유하는 것은 여러 의미로 벅찼다. "왜 혼자 왔어?" 결혼식, 집들이, 하물며 본가에 가도 여기저기서 그야말로 '반쪽'을 찾듯 상대를 찾았다. 나란히 붙어있는 책상, 하나의 침실은 가족의 탄생과 더불어 개인의 소멸을 뜻했다. 끼니부터 여가까지, 서로 다른 두 사람이 무언가를 함께하기 위해서는 어느 한쪽이 양보할 수밖에 없는 섭리를 무참하게 깨달았다. 때로는 상처받고 때로는 상처 주며 긴 시간 노력했다. 그리고 이것이 우리가 찾은 균형이다.

서로의 다름을 존중하고, 의지하되 의존하지 않는 관계. '함께'를 핑계로 상대의 희생을 당연시하지 않는 관계. 말하자면 '따로 또 같이'. 대단한 것은 아니다. 내가 요가를 좋아하듯 그가 다이빙을 좋아함을 존중하는 것. 매 주말을 기다려 데이트하지만 하루는 되도록 각자 시간을 보내는 것. 나아가 불필요한 '반쪽 소환'으로부터 상대를 적극적으로 보호하는 것이다. 두 사람이 바로 서기 위해서는 각자부터가 바로 설 수 있어야 한다고 믿는다. 그래야 어느 한 쪽에게 너무 많거나 적은 역할을 주지 않는다.

물론 가족의 형태와 개인의 성향에 따라 그 균형 값은 천차만별일 것이므로 정답은 없다. 어떤 불균형은 누군가에겐 균형일 수 있다. 다만 중요한 것은 지금 우리의 균형이 어디쯤인지를 아는 것이다. 배려의 시소가 버겁게 치우쳐져 있지는 않은지 촉각을 곤두세우고 조율해 나가는 것이다. 쉽게는 나를 위해 좋아하지도 않는 떡볶이를 함께 먹는 그에게 잊지 않고 고맙다 말하는 것일지도 모르겠다. 그 마음들이 쌓여서일까. 이제 그는 나보다도 더 떡볶이를 좋아한다.

제5장
―사람을 살리는 것은

타인의 삶

몇 해 전, 사고가 있었다. 전화를 받고 응급실로 향하던 그 길이 아직도 아득하다. 병상에 누운 남편 얼굴을 확인하자 그나마 안도감이 밀려왔다. 두려워했던 만큼의 무서운 사고는 아니었지만, 한시바삐 수술이 필요한, 여전히 큰일이었다. 이송이 필요해 구급차를 탔다. 고통스러워하는 남편의 손을 감싸 쥐고 병원으로 향하던 그 길은 다시 한번 아득했다. 길을 양보하던 입장에서 양보받는 입장이 되자, 한 사람 한 사람의 배려가 더없이 감사했다. 그리고 그 끝에, 혼돈 속에서도 정확하게 길을 찾아가는 운전자분께 시선이 닿았다.

안정을 되찾고 나서야 미처 던지지 못했던 물음

이 비집고 일었다. 어떤 마음일까. 1분 1초가 급박한, 나의 손끝에 환자의 안위가 달린 길을 매일같이 달린다는 것은. 어떤 하루를 살아내고, 어떤 이야기들을 가슴에 품고 계실까. 잊고 지냈던 타인의 삶에 대한 궁금증이 다시 고개를 드는 순간이었다.

호기심이 많았다. '백지'의 세상을 손에 쥔 청춘의 특권으로, 모든 종류의 삶을 동경하고 궁금해했다. 불이 꺼진 무대에서 정확하게 자신의 위치를 찾아가는 배우들의 이야기가 궁금해 소극장에서 보조 연출로 일했다. 누가 봐도 뜨내기 외부자로 초반에는 꽤나 배척을 당했지만, '헤헤' 웃으며 그저 진심을 증명해 나갔다. 그렇게 내 것과는 전혀 다른 세상을 공유하고 있는 이들, 어쩌면 평생을 관객과 배우 이상으로는 만날 일이 없었을지도 모르는 이들의 삶 한복판을 비집고 들어갔다.

그러나, 내게 속한 세상의 색과 모양이 분명해질수록, 그 밖의 삶에는 무관심해졌다. 점차 비슷하고 익숙한 사람들의 틈바구니에서만 머무르게 되었다. 보이는 세상을 전부로 게으르게 오해하고 그 너머의 이야기는 알려 하지 않았다. 같은 이야기라면 최대한 효율적인 방법으로, 가장 적은 시간과 마음을 들여 나누고자 했고, 그건 대체로 상대도 마찬가지였다.

　돌아보니 내가 잃은 것은 '존경'이었다. 타인의 이야기를 듣는 일은 수고스럽다. 그 수고스러움을 감수하고라도 귀를 기울일 때는, 그 기저에 상대에 대한 존경이 자리하고 있을 때이다. 내 것 너머의 삶에 대한 존경. 보다 구체적으로는 타인의 삶에 대한 순수한 존경이 야기한 호기심. 삶 한복판에 비집고 들어가는 것 까지는 아니더라도, 차 한 잔을 앞에 두고 시간과 마음을 들여 긴히 이야기를 청하고 싶어지는 것. 상대적 우월감 혹은 대리만족을 위해 단편적으로 소비하는 호기심과는 그렇게 구분이 된다.

　출근길 고개를 들어 주위를 살핀다. 한 사람 한 사람의 인생을, 이야기를 상상해 본다. 각자의 세상을 감당해내고 있는 모두에 대한 존경의 마음을 담아 질문을 건네고 싶어진다. 어떤 마음일까, 어떤 하루를 살아내고 있을까, 어떤 이야기를 가슴에 품고 있을까. 영화 〈타인의 삶〉(플로리안 헨켈 폰 도너스마르크 감독, 2007)에서 극작가 '드라이만'의 삶이 감청 요원 '비즐러'의 삶을 변화시켰듯, 어떤 삶은 삶을 변화시킨다. 한 사람 한 사람이 지닌 이야기는 그 어떤 작품보다도 정직하게 감동적이기 때문이다. 앞으로의 날들에서는 의식적으로라도 더 궁금해하려 한다. 내 것 너머의 세상과 그들이 품은 이야기들을.

제5장
―사람을 살리는 것은

이어폰의 쓸모

이어폰이 고장났다. 이후 첫 출근길, 택시를 타면서 습관적으로 귀에 꽂았다가 전원이 들어오지 않는 것을 확인하고 아차 싶었다. 절망하며 다시 빼려던 순간, 마음을 바꿔 손을 거두었다. 다년 간의 탑승 경험에 기반한 찰나의 계산이었다.

30분 남짓한 이동 시간. 이어폰은 내가 당신의 소리를(주로 배가 고프거나 아프다는 신호), 대화를(스피커폰으로 손자와 나누는 통화, 동료와 공유하는 점심 메뉴 계획 등) 듣고 있지 않다는 배려이기도 했고, 그러니까 굳이 내게 한번 더 말을 걸어 주거나 할 필요 없다는, 보다 솔직하게는 가뜩이나 피곤한 출근길, 무의미한 대화로 에너지를 소진하고 싶지 않다는 의지의 표명이었다. 인상 좋은 기사님의 세태 한탄에 무심코 동조했다가 나라 걱정으로 이동 시간 내내 쉬지 못했던 일련의 경험들을 어렵지 않게 떠올릴 수 있었다.

말하자면 이어폰은 불필요한 정보와 대화로부터 스스로를 분리해 내는 도구이자, 시공간을 차단하는 매개였다. 그리고 나는 집과 사무실, 누군가와 함께 하는 시간이 아니고서는 대부분의 시간, 이어폰을 끼고 지내는 부류였다. 세상의 소리로부터, 대화의 가능성으로부터 스스로를 차단해 지내 왔다는 것을 문득 깨달았다.

AS 불가 판정을 받고 새 이어폰의 구입을 고민하고 배송을 기다리는 한 주 남짓한 시간 동안, 처음에는 어색하다 못해 지루했지만, 점차 음악이 사라진 틈을 비집고 들어오는 세상의 소리에 귀 기울이게 됐다. 한번은 횡단보도를 기다리는데 곁에 여중생 몇이 섰다. '까르륵' 웃음소리에 슬쩍 미소 짓다가 스스로의 나이 듦을 자각했다. 학창 시절, 앳된 얼굴에 어른들 몰래 컬러 립밤을 바르던 그때 귀에 못이 박히게 들었던 말,

제5장
—사람을 살리는 것은

'뭘 해도 예쁘다'. 이젠 그 '예쁨'이 이목구비가 아닌 존재 자체라는 것을 안다.

　이어 버스를 탔는데 한 아주머니가 큰 소리로 통화를 해 이목이 쏠렸다. 여느 때 같았으면 이어폰 볼륨을 한껏 올렸을 테지만 속수무책이었다. "늙으면 다 그래! 암것도 아녀! 걱정하지 말어!" 자제분과의 통화인 듯했다. 귀가 조금 어두우신 건가? 대상에 대해 연민이 깃들 때, 익명의 소음은 어떤 엄마의 목소리가 되기도 한다는 것을 배웠다.

　그렇게 며칠, 자유로워진 건 '귀'인데 눈에 들어오는 것도 달라짐을 느꼈다. 가령 버스 창문 너머로 애틋하게 주고받는 손 인사, '조심히 가', '사랑해' 입 모양 같은 것들. 상점에 들러 물건 하나를 사더라도 한 번 더 웃고 한 번 더 말을 섞게 됐다. 종종 불편하지 않았다면 거짓말이지만, 미소 띤 얼굴로 짧게나마 대화를 주고받고 난 뒤 문을 나서는 기분이 퍽 괜찮았다. 낯선 이에 대한 친절은 결국 스스로를 향하곤 했다.

　마침내 이어폰을 되찾은 날, 어떤 여행을 마치고 돌아온 듯했다. 그리고 이제 나는, 이어폰 배터리가 나가도 당황하지 않는다. '까르륵' 웃음소리를, 어떤 아들 딸의 걱정과 어떤 연인의 사랑 고백을, 세상이 들려주는 음악과 드라마를 상상할 수 있게 되었기 때문이다. 사랑할 수 있게 되었기 때문이다.

제5장
―사람을 살리는 것은

다리를 다치고 깨달은 것

깁스를 했다. 금요일 퇴근길, 만원 버스의 하차 전쟁에 밀려 계단 밖으로 나가떨어졌다. 내 딴엔 본능적으로 착지 자세를 취했는데 그게 하필 발목이 꺾인 채였다. "괜찮으세요?" 사람들이 모여들자 부끄러운 마음에 후다닥 도망을 치고 싶었는데, "괜찮아요!"라고 외치는 말이 무색하게 일어설 수 없었다. '망했다.' 몇몇의 부축을 받아 정류장 벤치에 걸터앉은 채 보호자에게 전화를 걸 수밖에 없었다.

넘어진 경험이야 남부럽지 않게(?) 많은데 놀랍게도 깁스는 처음이었다. 통증이 어느 정도 가시고 살 만해지자 처한 상황을 조금은 긍정하게 됐다. '액땜했다치자. 이만하길 다행이야!' 목발 인증샷을 찍어 나르며 쏟아지는 관심과 걱정을 즐기기도 했고, 다행히 동거인이 있어 이런저런 귀찮은 시중을 들어주는 것은 사실 조금 신나기까지 했다. 환승만 세 번을 거치는 편도 1시간 15분의 출근길은 '하는 수 없이' 택시로 대체됐다. 운동을 할 수 없다는 것은 한편 운동하지 않아도 된다는 당위를 제공해 주었고, 마음 편히 나태해졌다.

'안에서는' 솔직히 단점보다 장점이 많았다. 하지만 밖을 나서는 순간 이야기는 달라졌다. 목발이라는 렌즈를 통하자 전엔 보이지 않던 것들이 보이기 시작했다. 신호등 불은 너무 짧았고, 계단은 너무 많았다. 퇴근 시간은 그래도 이른 편이라 되도록 대중교통을 이용했는데, 흔들리는 버스 안에서 승차 문과 하차 문 사이의 이동은 전과는 비교도 안 되게 위험하고 아득했다. 한번은 기사님께 정중히 "저 다리 때문에 죄송한데 앞문으로 좀 내려도 될까요?" 여쭈었다가 "그럼 미리 뒷문으로 이동했어야지" 하는 면박을 들었다. "죄송합니다" 인사하고 내려 절뚝이며 걷는데 순간 눈물이 핑 돌았다. '뭐가 죄송하지?'

제5장
—사람을 살리는 것은

그래도 대부분의 기사님들은 곁눈질로 목발을 한 번 쓰윽 보고는 고개를 끄덕여 주셨다. 서너 번의 세찬 끄덕임이 묘하게 든든했다. 말 한마디 없어도, 한 칸 한 칸 조금씩 내딛는 걸음을 인내심 있게 따라붙는 시선이 은밀하게 다정했다. 친절과 불친절 모두에 대한 감도가 높아졌지만, 본디 크게 낙관하지 않았기 때문인지 더 크게 와닿는 것은 대체로 친절 쪽이었다. 많은 이들이 주머니에 손을 꽂은 채 몸으로 문을 밀어 열다가도 뒤를 흘끗 보고는 재빨리 문을 잡아 주었고, 대부분의 사람들이 "여기 앉으세요!" 주저 없이 자리를 내어 주었다.

종종 SNS를 통해 훈훈한 깜짝 카메라 영상을 보며 '아직 세상 살 만하다'는 댓글을 주고받곤 했는데, 문득 문득 지금 내가 세상을 깜짝 카메라 하고 있다는 생각이 든다. 기대치 않았던 크고 작은 친절들을 수집하며 음흉하게 웃음 짓는다. 물론 가짜 깁스가 아니라는 것이 함정이지만. 연이은 흉흉한 사건 사고와 삭막한 뉴스가 보여 주는 사회의 단면 또한 '사실'이지만, 그것이 곧 '진실'은 아닐지도 모른다는 생각을 한다. 어쩌면 세상은 우리 생각보다 아름답다.
    뜻밖의 액땜으로 세상을 긍정하며 해를 시작한다. 그러니 깜짝 카메라는 이만하고, 이제 그만 깁스를 풀고 싶습니다만.

제5장
—사람을 살리는 것은

그 많던 언니들은 어디로 갔을까

멋진 언니들을 롤 모델로 꿈을 키워 왔다. 첫 롤 모델은 고등학교 학생회장 언니였다. 훤칠한 키에 공부도 잘하고 심지어 학생회장까지 하는, 하이틴 드라마에서나 보던 '사기캐'였다. 두 번째 롤 모델은 첫 직장 선배였다. 탁월한 패션 센스에 뭘 걸쳐도 태가 났고, 업무뿐 아니라 음악, 미술 등 다방면에 출중했다. 한 상사로부터는 비즈니스 커뮤니케이션부터 경력 관리에 이르기까지 사회생활 기본기의 8할을 배웠다. 사무실에서는 누구보다 냉철했던 그였지만 퇴근 후에는 떡볶이를 나눠 먹으며 고민을 들어 주는 언니이기도 했다. 그 뒤로도 언니들은 내게 영감과 자극이 되었고, 크고 작은 위로와 응원을 주고받기도 했다.

    그런데 연차가 차면서부터 점점 언니들을 찾아보기가 힘들어진다. 아무리 세상이 변했다고 한들 '일하는 엄마'를 찾기가 쉽지 않은 것처럼. 지역 특성 별로 편차는 있지만 놀이터에서, 교실에서, 여전히 손꼽히는 수준인 게 현실이다. 자발적 선택도 있다. 하지만 여러 직간접 사례를 통해 학습한 바와 같이 엄마가 소외되면 아이도 소외된다고들 하니 버티고 버티던 이들도 한 번씩 갈림길에 서는 듯하다. '아이에게 집중하는 게 좋을까?' 물론 육아휴직 등을 거치면서 등 떠밀리듯 내몰리는 경우도 많다. 그 결정이 자의든 타의든 '팩트'는 우리나라 100대 기업 임원 중 여성은 463명으로 6%에 불과하다는 것이다(출처: 유니코써치, '2024년 국내 100대 기업 여성 임원 현황'). 그리고 회사에서 이 나이 즈음이면 그 말이 곧 언니가 없다는 말이 된다.

    사정이 이러하니 사회에서 가끔씩이나마 '발견'하는 언니들은 비혼이거나 '딩크(Double Income No Kids)'인 경우가 많다. 기혼이고 언젠가는 나와 남편을 닮은 아이도 갖고 싶은 나로서는 뭐랄까, 선례를 찾고 싶은 거다.

그러니 어쩌다 아이가 있는 사람을 만나면 혼자 반가운 마음에 의자를 당겨 앉는다. "진짜요? 자녀가 있으세요? 그럼 혹시 아이는 어떻게 키우세요?" 사례 연구를 하는 마음으로. 물론 조부모 중 한 분 이상이 전담으로 봐주시는 경우가 대부분이지만, 더러 남편과 온전히 둘의 힘(물론 경제력이 포함된다)으로 일을 하며 아이를 키우는 분들을 보면 안도한다. 소거되지 않은 가능성에 희망을 얻는다.

그들이 해 주는 조언은 상통하는 데가 있다. 유독 엄마에게만 과중하게 부여되는 '죄책감'과의 싸움에서 일정 부분 무감해질 필요가 있다는 것. 그중 뇌리에 남은 조언이 있어 옮겨 본다. "어릴 때 상처 하나 없이 크는 아이가 있나요. 우리 애한테는 아침마다 자기를 떼어 놓고 출근하는 부모가 상처였겠지. 그런데 그만큼 다른 부분에서 채워 줄 수 있었던 것도 분명 있다고 생각해요. 지금은 다 커서 일하는 엄마 모습이 그렇게 멋있다네."

가 보지 않은 길은 알 수 없고, 가치관은 계속 변화한다. 그 무엇도 지금은 단언할 수 없다. 다만 한 가지

변치 않을 분명한 바람이 있다면 보다 다양한 곳에서, 보다 다양한 언니들의 모습을 보고 싶다. 퇴근 후 떡볶이를 나눠 먹던 그 언니들이 오래도록 어디든 남아 꿈꿔 주시기를, 나는 나의 꿈만큼이나 간절히 바라고 있다. 그곳이 어디이든, 눈물 아닌 기쁨으로 선택한 곳이기를.

제5장
―사람을 살리는 것은

사람을 살리는 것은

여름 밤, 친구와 한강 다리를 산책했다. 오랜만에 만난 벗과 가볍게 오른 취기, 빗기운에 젖은 공기조차 낭만적이었다. 중간쯤 왔을까. 녹색 전화기 한 대가 눈에 들어왔다. '지금 힘드신가요? 당신의 이야기를 기다립니다.' 옆에는 큼지막한 글씨로 'SOS 생명의 전화'라 쓰여 있었다. 친구가 말했다. "여기서 걸려 오는 전화를 받으면 무슨 말을 해 줘야 될까?" 잠시 침묵이 오간 뒤 내가 반쯤 풀린 혀로 답했다. "나라면! 내일 맛있는 거 먹으면서 얘기하자고 할 거야!"

다음날, 숙취로 허덕이는 와중에 그 질문이 맴돌았다. 한 번도 해 본 적 없는 생각이었다. 취기에 내뱉은 말이었지만 달리 나은 답변을 떠올릴 수도 없었다. 다시 생각해도 나라면 사소한 기대를 심어 줄 것이었다. 지금은 힘들지만 너는 할 수 있을 것이라는, 다 괜찮아질 것이라는 밑도 끝도 없는 위로나 그래도 인생은 살아 볼 만하다는 식상한 조언 대신. 생명의 숭고한 가치보다는 당장 내일 우리가 함께할 설레는 일에 대해 말할 것 같았다. 어쩌면 그것이 내가 버거운 어떤 날들을 버티는 방식이기도, 듣고 싶은 말이기도 했다. '사람은, 기대할 만한 일 하나만 있어도 살아져.' 언젠가 소중한 이에게 했던 말. 삶을 구축하는 건 원대한 꿈일지 몰라도 하루하루를 지탱하는 건 사소한 기대이니까.

    하지만 역시 그건 아무래도 가벼웠다. 생면부지 타인의 '놀자'는 말을 듣고 누군가는 어이가 없어 역정을 낼 것이었다. 실제 저 너머에서 전화를 받는 사람들의 이야기가 궁금해 검색창을 켰다. 눈에 띄는 제목 중에는 이런 게 있었다. '아들 잃은 엄마가 새벽마다 SOS 전화 받는 이유.' 인터뷰에 의하면 12년 차 상담사인 그는 전화를 받으면 가장 먼저 위험한 장소를 벗어나도록 마음을 안정시키고 상대의 이야기를 들어준다고 했다. 지극히 현실적인 답변에 마음이 숙연해졌다.

'들어준다'. 지옥 같은 마음으로 다리 위에 선 나를 상상한다. 아무도 내 이야기를 들어주지 않거나 털어놓을 자신이 없어서 결국 거기까지 간 나를 상상한다. 연락처를 아무리 내려도 통화 버튼을 누르지 못할 것이다. 그때 '당신의 이야기를 기다'린다는 녹색 전화기가 눈에 들어올 것이다. 차라리 다정한 타인이 그리워 수화기를 들 것이다. 누구라도 나를 잡아 주길 바라는 처절한 마음으로. 그러니까, 그 장소 그 전화에서의 모범답안은 따로 있었던 셈이다. 이래서 비전문가가 무섭다.

하지만 한편, 다리 위가 아닌, 녹색이 아닌 수많은 '생명의 전화'들을 떠올린다. 경중은 다를지라도 우리 모두는 언젠가 한 번쯤 그 전화의 발신자이거나 수신자였다. 그때라면 나의 저 실없는 답변도 조금은 효용을 지닐는지도 모른다. "내일 삼겹살에 소주 어때!" "다음 달에 짧게 여행이나 다녀올까?" 가끔 인생이 너무 길게 느껴질 때, 기대할 만한 일을 만들거나 만들어 준다. 맛난 밥 한 끼, 곧 도착할 택배, 내일 개봉할 영화,

주말의 설레는 만남, 몇 달 뒤의 휴가까지. 고작 기대 하나가 어떤 날의 우리를 살게 한다. 그 크고 작은 기대들을 함께 기워 연명하는 것이 어쩌면 대단치 않은 생존의 기술일까. 끌어내 주어서, 끌려 나와 주어서 고맙다, 오늘도.

제5장
―사람을 살리는 것은

슬픔의 이해

중3 때 아버지에게 사고가 있었다. 전작 《행복해지려는 관성》 서문 중 일부를 옮겨 본다.

> 동생 생일 전날, 하굣길 집 앞에서 헐레벌떡 뛰어나오는 엄마를 만났다. 아빠가 '조금' 다쳤다며 금방 돌아오겠다던 엄마는 그날 돌아오지 않았다. (중략) 사고가 있었고, 위독하다 했다. 우연한 사고에 이유가 있을 리 만무하지만 계속 "왜?" 하는 질문만이 맴돌았다. 우리 아빠가 왜? 불과 그저께, 함께 동생 생일 파티 계획을 짜던 아빠였다. 누구보다 건강하고 다정하던 아빠였다. 울다 지쳐 잠이 든 다음날 아침, 나쁜 꿈을 꾸고 일어난 듯했

다. "아빠!"하고 부르면 저쪽 방에서 두 팔을 벌린 아빠가 걸어 나올 것만 같았다. 단축번호 3번을 꾸욱 눌러 보았지만 "전원이 꺼져 있어…"라는 음성만 야속하게 흘러나올 뿐이었다.

아빠가 병원에 계시는 동안 나는 매일 울었다. 가족에게 닥친 불운과 사춘기의 설익은 감상이 만나 삶에 대한 비관으로 비화되었다. 내가 세상에서 제일 불쌍하고 불행한 사람 같았다. 그날도 학원을 빠지고 "우리 아빠 어떡해" 통곡하며 울고 있었다. 친구들이 나서서 달래 주었지만 속으로는 '너희들'은 내 입장이 되어 보지 않아서 모른다고 생각했다. 그러다 한 친구가 울음을 터뜨리며 말했다. "그래도 너는 아빠 살아 계시잖아. 우리 아빤 돌아가셨어." 예상치 못한 고백에 눈물이 쏙 들어갔다. 이제는 나야말로 감히 그 친구의 슬픔을 가늠할 길이 없었다. 그때 알았다. 슬퍼 본 만큼만 이해할 수 있는 것이 슬픔이라는 것을.

한 달 가까이 생사를 오가던 아빠는 기적적으로 건강을 회복하셨다. 그럼에도 불구하고 비 오는 날 발

제5장
—사람을 살리는 것은

을 동동 구르며 중환자실 앞에서 목 놓아 울었던 기억, 한 번 가족을 잃어볼 뻔했던 기억은 삶의 많은 부분을 바꾸어 놓았다. 가족이라는 우선순위를 명확히 하게 되었고, 누구에게나 어떤 일이든 일어날 수 있음을 실감하면서 오늘의 행복에 보다 천착하게 되었다.

뉴스에 나오는 사건사고도, 억울함에 떠밀려 나온 거리의 목소리도 더 이상 남 일 같지 않았다. 여행 가던 배에서, 행사를 즐기던 거리에서, 집으로 돌아오던 비행기에서, 내 것이 될 수도 있었을 공포와 슬픔을 헤아리다 보면 목이 메어 왔다. 그리고 그 끝에는 별수 없이 살아남았다는 안도감에 가슴을 쓸어내렸다. 불의의 사고로 가족을 잃은 이들은 하나같이 입을 모아 말했다. "티비에서나 봤던 일이 우리 가족에게 생길 줄은 몰랐다"고. 나는 이제 그 말의 무서움을 안다. 하지만 지금 내 곁에는 건강한 아빠가 함께 계신다. 나 역시 실제 가족을 잃은 그들의 마음을 온전히 헤아릴 수는 없을 것이다. 오래전, 끝내 울음을 터뜨렸던 그 친구의 슬픔을 내가 감히 가늠할 수 없는 것처럼.

나의 슬픔을 가장 잘 이해해 줄 사람은 결국 같은

슬픔을 가진 사람이다. 같은 병, 같은 트라우마, 같은 상처를 가진 사람. 하지만 그 마음을 이해하고자 상처를 자처할 수는 없다. 당신을 위로하고자 차마 같은 슬픔을 자진할 수는 없다. 그러므로 나는 아마 영원히 당신의 슬픔을 온전히 이해하는 데 실패할 것이다. 다만, 그 모양과 크기가 제각각일 뿐 사람들은 모두 저마다의 방식으로 슬프다. 가진 슬픔을 밑천 삼아 가져본 적 없는 슬픔에 가 닿으려 그저 부단히 노력할 뿐이다. 실패할 줄 알면서도 시도하는 노력과 그 노력을 가상히 여기는 마음. 모두가 같은 슬픔을 지닐 수 없는 이상, 누구도 서로를 온전히 이해할 수 없는 이상, 필요한 것은 그런 것 아닐까. 서툰 손으로 나를 달래던 오래전 그 마음들에게도 늦게나마 감사를 전한다.

제5장
―사람을 살리는 것은

제6장

끝을 감각하며
사랑하는 일

꽃이 피면 보러 가자. 그것이 우리가 할 수 있는 전부이지만
어쩌면 해야 하는 전부인지도 모르겠다.

미리 건네는 인사, 나의 소중한 시절에게

디지털 짐 정리

 행복하기 위해 산다고들 한다. 나는 좀 더 구체적으로, 행복한 기억을 늘리기 위해 산다고 생각한다. 기억을 잃은 이에게 지난날의 행복은 무슨 의미일까. 마음 한 켠에 따스히 남았다 포장할 수도 있지만, 냉정히 말하면 공중으로 흩어져 버린 간밤의 꿈, 정성껏 빚었으나 파도가 삼켜 버린 모래성과 다를 바 없는 것 아닐까. 그러므로 행복의 전제 조건은 육체의 깨어 있음이 아니라 기억의 깨어 있음이다.

 기록에 집착하는 것도 같은 맥락이다. 기록 없이 흘러간 기억들은 시간이 흐를수록 희미해지고 이내 손가락 사이 모래알처럼 흩어진다. 그래서 나는 사진을 찍고 일기를 쓴다. 바득바득 기억하고, 단물이 빠질 때까지 곱씹으며 추억화의 공정을 거친다.

그러다 보니 언젠가부터 사진 정리가 골치이다. 여행이라도 한 번 다녀오면 그 사진을 정리하는 데에 거짓말 조금 보태 여행만큼의 시간이 든다. 당장 사용 중인 휴대폰에만 정리 안 된 수만 장의 사진이 기다리고 있고, 클라우드와 외장하드에는 일단 옮겨 놓고 보자 했던 것들이 쌓여 열어 보기도 무서운 무질서가 되었다.

이대로는 안 되겠다 싶어 컴퓨터 앞에 앉았다. "이 많은 추억을 다 어쩌면 좋아…." 스크롤을 내리다 보니 한숨이 절로 나왔다. 얼마 전 책, 옷, 가구 등의 짐을 싹 정리한 적이 있는데, 비슷한 마음으로 '디지털 짐 정리'를 하기로 했다. "그래, 죽을 때 이 사진들을 다 짊어지고 갈 것도 아니고!" 호기롭게 폴더 하나하나를 열어 보기 시작했다.

풋풋했던 대학 새내기 시절부터 처음으로 혼자 했던 유럽 배낭 여행, 온전히 내 힘으로 마련한 원룸 자취방, 이후 혼자 혹은 함께했던 숱한 여행의 기록들. 남편

제6장
—끝을 감각하며 사랑하는 일

과 연애 기간도 길다 보니 그 사진만도 상당했다. "우리 엄마 아빠 이때만 해도 젊었네." 머리가 까맸던 아빠와 주름이 없었던 엄마.

그러다 한 영상에 오래 눈이 머물렀다. 할머니와 어린 조카가 장난을 치며 노는 모습. 할머니는 연신 얼굴을 숨겼다가 '까꿍' 내밀기를 반복하고, 조카는 할머니의 주름진 손을 만지다 뭐가 재밌는지 까르르 웃는다. 할머니는 5년 전에 돌아가셨고, 품에 쏙 안기던 말캉한 아기는 내년이면 중학생이 된다.

막상 열어 보니 그 방대한 양도 양이었지만, 오랜만에 들여다본 어떤 사진들은 너무 많은 추억을 불러와서 도무지 다음 진도를 나갈 수가 없었다. 폴더 몇 개 정리하는 데에만 한나절이 걸렸고 결국 백기를 들었다.

이후 다짐했다. 적게 찍고 자주 보기로. 양이 많으니 아예 들여다보지조차 않게 되는 것이 문제라면 문제였다. 물건은 덜어 내면서 사진은 덜어 낼 생각을 못 했다. 무분별한 풍경과 음식 사진은 줄이고, 습관적으로 누르던 셔터 대신 '다시 볼만한' 최소한의 사진만 찍기. 더불어 언젠가부터 잘 찍지 않는 내 사진은 의식적으로라도 늘리기.

사진을 정리하며 분명하게 깨달았다. 추억하고 싶은 것은 결국 그때 내가 어디를 갔고 무엇을 먹었는지가 아니라, 그때의 나, 나와 함께 했던 사람들이라는 것을. 멋진 거리, 화려한 음식 사진은 고민 없이 지울 수 있어도 결국 남겨 놓고 싶은 것은 나와 소중한 이들의 모습이라는 것을. 앨범에도 가슴 속에도.

더 좋은 사람들과 더 좋은 시간을 보내고, 그것을 기억하는 것. 그리하여 삶의 엔딩 장면에서 아픈 순간보다 행복한 순간을 더 많이 떠올릴 수 있게 되는 것. 그것이야말로 생의 목적이 아닐까. 적어도 내게는 그러하다. 그런 의미에서 내게 '추억'과 '삶'은 동의어이다.

'버리기'라는 행위가 주는 위안에 대해 이런 글을 쓴 적 있다.

> 돌아보니 그것은 일종의 임사 체험(죽음 이후의 세계에 대한 체험)이었다. 떠남을 준비하듯, 내게 속한 물건들 하나하나의 의미를 응시하고 덜어 내는 것. 그러다 보면 종

래에는 꼭 유언 같은 물건들 몇 개만이 수중에 남았다.
—《행복해지려는 관성》'버리기가 주는 위안' 중

언젠가의 유언을 준비하는 마음으로 손바닥 안의 무질서를 정비한다. 귀한 순간, 귀한 모습을 수시로 추리고 들여다보리라. 그리하여 삶의 마지막 순간에 떠올리고 싶은 장면들을 잊지 않고 기필코 떠올려 내리라. 결국 '행복한 인생'이란, 그 장면들로 결정된다고 믿는다.

셀프 송년회

해에 두 권씩 다이어리를 써온 지도 한참이다. 책장 한편에는 벌써 서른 권이 넘는 세월이 빼곡히 꽂혀 있다. 눈 덮인 주말 아침, 커피 한 잔과 함께 책상 앞에 앉는다. 연도를 꾹꾹 눌러쓴 라벨을 다이어리 귀퉁이에 붙이자 또 이렇게 한 해가 간다는 것이 조금은 실감이 난다. 남은 기간 고작 2주. 몇 장 남지 않은 페이지를 넘겨 목록을 하나 만든다. 제목은 '셀프 송년회'.

　한 계절을 정신없이 보냈다. 퀘스트 하나를 완수하고 나면 그다음 퀘스트가 있었고 또 그다음이 있었다. 며칠 밤을 새우다시피 하고 마침내 종지부를 찍은 날, 곧 쓰러질 것 같은 몸을 이끌고 향한 곳은 침대가 아닌 영화관이었다. 달콤한 팝콘 향, 전광판 가득 부산스러운 신작들. 생맥주 한 잔을 사 들고 일찌감치 자리를 잡았다. 영화는 별로였지만 중요하지 않았다. 영화가 아닌 '영화관'이, 이 체험이 그리웠다.

그 귓갓길, 문득 부아가 났다. 고작 이게, 왜 그립기까지 했는지. 나가기 싫은 모임은 나가고 의미 없는 '쇼츠'로 시간은 죽이면서 지척의 영화관은 왜 못 왔는지. 그래서 올해 남은 기간 동안만이라도 벼락치기 하듯 하고 싶었던 일들을 채워 넣기로 한 것이다.

'매주 혼자 영화관 가기'를 1번으로 대중없는 소소한 욕심들이 목록을 채운다. 전반적으로 스스로에게 소홀했던 해였지만 이렇게나마 좋아하는 것들로 마무리를 하면 이 헛헛함이 조금은 메워질 테니까.

이어 책장을 뒤적여 다이어리 몇 권을 집어 든다. 매년 이맘때의 의식 같은 것이다. 과거의 나로부터 지금의 내게 필요한 말을 구한다. 가령, 미국 교환학생 시절의 일기는 지금 봐도 얼굴이 화끈거린다. '친구'에 모든 초점이 맞춰져 있어 유치하기가 이루 말할 데가 없다. 언어를 배우러 간 입장에서 교우 관계는 단순한 여가 이상이었다. 조금이라도 더 어울려야 한다는 중압감에 시야가 완전히 차단된 경험이었다.

그 뒤 의식적으로 '밖에서 보기'를 연습한다. 지금은 세상의 전부 같지만 사실 대부분의 것들은 돌아보면 다 별게 아니라는 것. 이 시절의 일기는 그 감각을 불러온다. 그 외 업무가 맞지 않아 힘들었던 시절의 일기부터 매일 가족의 건강을 기도하며 잠 못 들던 시절의 일기까지. 지난 과오와 수치, 불행을 복기하다 보면 결국 남는 감정은 '감사', 이 하나다.

언젠가 썼던 일기에 대한 일기. '한 해 간의 다이어리 농사는 라벨을 붙이는 작업으로 갈무리를 한다. 시간이 지나 다시 열어 보면 잘 빚어진 담금주처럼 새로운 맛과 향을 품고 있다. 그때는 썼던 것이 꼭 쓰지만은 않고, 그때는 달았던 것이 꼭 달지만도 않다. 묵묵히 내 몫의 하루를 빚는다. 그거면 된다.'

스스로의 작은 욕심들은 돌보되, 큰 줄기로의 겸허함과 감사는 잊지 않는 것. 다가오는 새해, 어쩌면 다가올 모든 날을 관통하는 다짐인지도 모르겠다.

제6장
—끝을 감각하며 사랑하는 일

최소한의 연말

"송년회 한번 해야지."

연말이면 가까운 이들과 으레 주고받는 말이었다. 그 '가깝다'는 수식을 지키기 위해 채워야 하는 최소한의 교류가 있다면, 연말연시는 벼락치기 시즌이니까. 그리웠던 이들을 보고 듣는 시간은 대체로 다정했지만, 몰아서 하는 무언가가 대개 그러하듯 귀한 만남과 비싼 술 끝에도 종종 체기가 올라왔다. 그렇게 이른 11월부터 구정까지, 길게는 세 달 가까이를 새해 인사를 주고받으며 보냈다. 많이 만나고 많이 마셨다. 말하자면 '과잉'이 평균인 시기였다. 원래대로라면 올해도 다르지 않을 것이었다.

연초에 발목을 다치고 한 달간 깁스를 했다. 이후 당장 생활에 지장이 없을 만큼은 회복했지만 근본적으로는 수술이 필요했다. 입원과 수술, 다시 목발과 재활까지 두 달은 족히 감수해야 할 예견된 불편은 아득했고 차일피일 미루게 되었다. 이직하고 첫해인데 이 업무만 마무리하고. 이번 달은 외부 활동이 많으니까 이 달만 지나고. 취소하기 어려운 약속을 잡아 버렸으니 조금만 더 있다가. 이런저런 핑계를 나열하다 보니 어느새 연말이었다.

그러던 어느 출근길, 덜컥 수술 날짜를 잡아 버린 것은 내 뜻대로 할 수 있는 게 생각보다 별로 없다는 자각이 정점에 달했을 때였다. 그래, 수술이라도 하자. 해 가기 전에 이거라도 하자. 흔히들 기피하는 시기이다 보니 예약은 순조로웠고 그렇게 얼마 전, 근 1년을 미루던 수술을 마침내 해치웠다. 통증이 어느 정도 가시자마자 병상에 누워 제일 먼저 한 일은 감당 못할 약속들을 취소하고 사과하는 일이었다.

그리하여 사회생활을 시작한 이래로 처음, 전에 없이 정적인 연말을 보내고 있다. 활동이 불편한 만큼

동선은 최소화하고, 왁자지껄한 모임 대신 간소한 식사를, 술 대신 차를 고른다. 그마저도 반드시 필요한 경우가 아니라면 대부분의 약속은 고사하고 있다. 물론 그렇다고 SNS 피드 가득 올라오는 모임 인증샷들과 단체 채팅방의 후기들이 부럽지 않은 것은 아니다. 다들 바쁜데, '이럴 때' 아니면 모이기 힘든데, 무리해서라도 갈 걸 그랬나 하는 후회도 때때로 일지만 별 수 있나. 시시각각으로 부어 오르는 발이 귀가를 재촉하는데.

한편으로는 목발을 면죄부로 합법적으로(?) 쟁취한 이 무력한 고립감이 더없이 안락하다…고 하면 사회성을 의심받을까. 연말연시는 일상에 치여 놓친 이들을 되찾는 시기이기도 하지만 밀린 만남 빚을 치르거나 무의미한 단합에 동원되는 시기이기도 하니까. 특유의 달뜬 번잡함에서 한발 물러나 객석에서 관망하며 맞는 익숙한 계절이 새삼 사치스럽다. 예의를 몰라서도 아니고 사교성이 떨어져서도 아니고 다만 몸이 허락하지 않아서, 당분간은 이렇게 스스로의 안위를 최우선으로 최소한의 일정을 최소한의 품을 들여 소화하기로 한다.

이따금 어려울 테지만 별 수 있나. 진짜 나의 '새해 복'을 빌어 줄 이들은, 부재를 추궁하는 이들이 아니라 수술 날짜를 기억했다가 '괜찮냐' 물어 오는 이들, 군소리 하나 없이 빈 책상에 영양제 하나 던져 주고 가는 이들임을 이제는 안다.

제6장
―끝을 감각하며 사랑하는 일

삶이라는 작품

제주 '해녀의 부엌'에 다녀왔다. 궁금했는데 엄두를 못 내다 제주 갈 일이 생기자 부리나케 예약했다. '해녀의 부엌'은 해녀 이야기를 담은 공연과 식사의 융복합 콘텐츠이다. 김하원 대표가 2019년 창업한 스타트업의 이름이기도 하다. 해녀 집안에서 자란 그는 일본 수출 의존도가 높은 제주 해산물 시장에서 문제점을 발견하고, 현지 해녀들, 청년 예술인들과 함께 그 가치를 높이기 위한 사업을 해 오고 있다.

"여기가 맞아?" 공연장이 있을 것처럼은 안 보이는 방파제 인근, 생선 위판장이었던 유휴 공간을 개조한 곳이었다. 육중한 쇠문 너머로 새로운 세계가 펼쳐졌다. 공간을 잠식한 몽환적인 조명은 자세히 보니 어망으로 만든 것이었다. 마침내 극이 시작됐다. 올해로 90세를 맞으신 해녀 할머니의 실제 이야기였다. 극 말미 할머니가 등장해 앳된 배우에게 "엄마"라 부를 때, 곳곳에서 눈물이 터졌다. 뒤이어 채취한 해산물 이야기와 이를 요리한 식사가 이어졌고, 할머니와의 질의응답으로 끝을 맺었다.

문제를 정의하고 해결해 나가는 모든 이들을 존경하지만, 90대 할머니와 20대 청년의 맞잡은 손에는 단순한 창업가 정신 이상의 울림이 있었다. 전통과의 연대, 여성들의 서사 등 여러 가지 앵글로 풀이할 수 있겠지만, 그날 밤늦도록 나를 붙든 것은 한껏 신이 나 자신의 이야기를 풀어놓던 할머니의 표정이었다. 다 큰 어른들이 눈을 반짝이며 할머니 이야기에 귀 기울일 때, 모두가 함께 '착한 손주들'이 된 느낌이었다. 어쩔 수 없이 나는, 나의 할머니를 떠올렸다.

5년 전 돌아가신 할머니는 33년생이셨다. 한국전쟁이 일어나던 해 17세, 5.18 민주화운동이 있던 해 47세로, 그야말로 근현대사를 관통해 온 가장 가까운 증인이었다. 대입 후 지적 호기심으로 한참 교과서 밖 역사를 탐구하던 시절, 언젠가 한 번은 할머니를 인터뷰해 봐야지 생각했다. 요즘 건강은 어떠신지 말고, 그해 마음은 어떠셨는지. 오늘 점심으로 뭐 드셨는지 말고, 그 시절 끼니는 어떻게 챙기셨는지. 나의 할머니이기 이전 당신은 어떤 삶을 견뎌 오셨는지. "할머니, 다시 전화할게!" 숱한 안부 전화의 끝, 한국사 자격증은 땄지만 정작 당신의 역사는 묻지 못했다.

    무대 위 해녀 할머니 모습에 우리 할머니를 덧대 보았다. 참 좋아하셨을 텐데, 우리 할머니. 여기까지 생각이 미치자 고개를 들어 눈짓이라도 한번 더 하게 됐다. 박수라도 조금 더 치게 됐다. 어쩌면 몇몇은 나처럼 미처 여쭙지 못한 할머니 이야기를 상상하고 있었을까. 공연을 마친 해녀 분들이 가장 많이 하시는 말씀이 '내 인생 부끄럽다고만 생각했는데 그래도 잘 살아왔구나'라고 한다. 저기 저 무대에 우리 할머니, 옆집 아저씨, 그 누구를 세워 놓더라도 마찬가지 아닐까. 시대를 관통해 온 모두의 이야기는 귀하다. 박수받고 환호받을 가치가 있다.

취지와는 무관할지 모르나 나는 '해녀의 부엌'을 넘어 농부의 부엌, 상인의 일터, 작가의 책상을 상상했다. 개인의 삶이 하나의 작품으로서 존중받고 응원받는 곳. 그 존재에 감사하다. 언젠가 비매품으로라도 부모님 인터뷰집을 만들어 봐야지 생각했는데, 내친김에 오늘 몇 개라도 질문을 던져 봐야겠다. 그해 마음은 어떠셨는지, 어디서 어떤 형태로 삶을 지켜 오고 계셨는지. 이번에는 결코, 늦지 않을 것이다.

제6장
—끝을 감각하며 사랑하는 일

'나이 듦'에 대하여

부모님이 근처 볼 일이 있어 오셨다가 집에 들르셨다. 셋이서 내가 평소 걷던 산책로를 따라 걷다가 내가 혼자 자주 가는 바를 찾았다. 가을 공기가 선선한 루프탑. 스크린에는 〈타이타닉〉(제임스 카메론, 1998)이 재생되고 있었다. "와, 되게 오랜만이다! 그때 나한텐 제일 야한 영화였는데. 아빠 옛날에 우리 집 고전 명화 DVD 모았잖아. 기억나?" 혼자가 익숙한 공간에 부모님이 계시니 왠지 꿈같았다. 두런두런 이야기를 나누다 '나이 듦'으로 주제가 옮겨 갔다. 무려 부모님과 노화를 논하다니 감회가 새로웠다.

    소화라든지, 피부라든지, 흘려들었던 이야기들이

이젠 내 차례가 오는 것 같다. 점심 한 끼 잘 챙겨 먹고 나면 저녁 시간이 돼도 딱히 배고프지 않고, 똑같이 운동하는데 어쩐지 살이 붙는 느낌이다. 피부도 푸석푸석한 게 영 이전 같지 않아 피부과 상담을 갔다가 '적은 나이는 아니시니까'라는 당연한 말을 듣고 한동안 마음이 싱숭했다. 한 해 한 해 다르다는 말이 무언지 이제 조금, 체감하는 구간에 들어선 듯하다. 이런 이야기를 늘어놓자 아빠가 말했다. "우리 딸이 벌써 그렇게 됐나?"

얼마 전 아버지는 응급실에 다녀오셨다. 아침 산책을 하고 왔는데 갑자기 말이 안 나왔다고 했다. 다행히 엄마가 함께 계셨고 바로 병원으로 향했다. 뇌 주변부에 경미한 출혈이 있었지만 약물로 치료할 수 있는 수준이라 해서, 온 가족이 가슴을 쓸어내렸다. 아빠는 말이 안 나오자 순간 눈앞이 아득해졌다고 했다. "아, 이렇게 병원 신세 지다가 삶을 마감할 수 있겠구나, 생각 들더라니까." 건강만큼은 잘 지키고 살자 노력했는데 나이 드니 어쩔 수 없더라는 말도 덧붙이셨다.

그간 '삶'이라고 하면 자연스럽게 소위 2030의 얼굴을 떠올렸다. 각종 미디어에서 일터에서 흔히 '주인

제6장
—끝을 감각하며 사랑하는 일

공'으로 다루어지는 반짝이는 시절의 얼굴들과 '청춘', '사랑', '꿈' 같은 뜨겁고 거창한 단어들을 함께 떠올렸다. 그런데 100세 시대, 그 구간은 고작 20년. 청춘은 정말 찰나이고, 사실 인생의 상당 부분은 '어제보다 덜 예쁘고 덜 건강한' 스스로의 육신을 받아들이는 과정, 나이 듦의 설움과 무대 뒤편으로 물러나는 초연함을 체득해 가는 기간인지도 모르겠다. 그리고 어쩌면 그게 '삶'의 진짜 얼굴인지도.

반짝였던 나의 학창 시절 사진을 뒤적여 본다. 그때 이래서 맘에 안 들고 저래서 맘에 안 들었던 얼굴도, 통통하다 여겼던 젖살도 지금 보니 마냥 예쁘다. 그때 어른들이 나를 보며 지었던 표정을 내가 과거의 나에게 지어 보인다. 회갑을 맞이하며 아빠가 말했다. "쉰 될 때는 크게 감흥이 없었어. 마치 서른 될 때처럼. 그런데 예순이 되니까 많은 생각이 들어. 꼭 마흔 될 때 같아." 그 마흔조차 나는 아직 겪어 보지 못했다.

근래 부모님은 종종 죽음에 대해 말씀하신다. 당신들의 장례 방식을 당부하고, 휴대전화 잠금 패턴을 굳이 공유한다. 그때마다 나는 질색을 하며 울상이 되지만, 예순의 나는 이날을 어떻게 회상할까. "아빠도 이 나이는 처음이니까." 우리 모두 이 나이는, 오늘은 처음이니까. 삶의 진짜 얼굴을 깨닫는 것은 아마, 눈 감는 마지막 순간 즈음이 되지 않을까. 확언할 수 있는 것은 다만 이 한 가지. 마흔의 나, 쉰, 예순의 나는 오늘의 내 사진을 보며 생각할 것이다. 참 반짝이던 시절이었다고.

제6장
―끝을 감각하며 사랑하는 일

엄마에게 요리를 배워 보기로 했다

"이번에 올 때 반찬통들 좀 가져와라." 엄마는 매번 반찬통이 부족하다. 반찬 하나를 해도 딸들 세 집으로 가는데, 심지어 하나만 하시는 일도 없다. 각종 김치에 장조림, 진미채 볶음, 콩자반까지 딸들을 만나는 날이면 엄마는 늘 전날 밤까지 부엌에서 분주하다. "엄마, 힘들게 뭘 또 이렇게 했어." 그 고생이 훤히 그려져 속은 상하지만 '이게 엄마 재미'라는 말에 이제는 지기로 했다. 말은 그리해도 양손 가득 반찬통을 받아 오는 날이면 그렇게 든든할 수가 없다. 냉장고에 엄마 반찬이 채워지면 허기진 마음도 채워진다. 그 뒤 며칠간은 얼른 집 가서 '엄마 밥' 먹을 생각에 퇴근길 발걸음을 재촉한다.

"우와, 대박!" 이번엔 '간단히' 싸 왔다는 반찬 보따리에는 내가 제일 좋아하는 엄마표 양념게장과 겉절이가 들어있었다. 간장 게장은 사 먹어도 제법 솜씨 좋은 집들이 많은데 양념 게장은 그렇지 않다. 재료 자체도 덜 싱싱한 것을 쓰는 경우가 많거니와, 양념도 내 입에는 너무 달다. 세 딸들이 다 엄마표 게장만을 찾으니 딸들이 오는 날은 엄마가 게장을 만들어 두는 날이 되었다. 엄마 아빠한테는 미안하지만 본가 가는 날 아침이면 게장 생각에 눈이 번쩍 떠진다.

해에 몇 번씩은 배추김치, 총각김치, 갓김치 등 각종 김치를 담가 보내 주신다. 그때마다 나는 "엄마, 이거면 우리 1년도 더 먹어. 조금만 달라니까." 괜한 소리를 했다가 퍼뜩 미안해하며 주워 담고는 한다. "그래도 너무 맛있겠다. 잘 먹을게. 고마워요." 겉절이는 오랜만이었다. 어릴 땐 김치 담그는 엄마 곁에 쪼그리고 앉아있다가 간 좀 보라며 손으로 쭉 찢어 돌돌 말아 입에 넣어주는 것을 받아먹곤 했다. 그러다 결국 밥솥에서 흰밥을 떠와 밥 몇 술을 뜨고야 말았던 것은 비단 우리 집만의 모습은 아니었을 테지.

제6장
―끝을 감각하며 사랑하는 일

갓 만든 겉절이. 엄마는 뚝딱 만들지만 엄마 없이는 좀처럼 먹지 않았던 음식. 그 반찬통 하나에 며칠 간의 식사가 얼마나 즐거웠는지 모른다. 남편에게 말했다. "맛있는 겉절이 하나만 뚝딱 만들 수 있어도 삶의 질이 올라갈 것 같지 않아?" 문득, 엄마에게 요리를 배워 봐야겠다는 생각이 들었다. 일이 바빠지고 약속이 많아지면서 요리와는 멀어진 지 오래였다. 가끔 하더라도 손이 많이 가는 밑반찬보다는 한 끼 식사로 끝낼 수 있는 일품 요리가 주를 이뤘고, 뭐가 됐든 인터넷만 검색해도 레시피는 넘쳐 나니 당장 '배울' 필요성을 느끼지는 않았다.

아주아주 나중에, '엄마 밥'이 먹고 싶어지면 어떻게 하지라는 생각을 잠깐씩이나마 안 해 본 것은 아니다. 하지만 그때마다 못된 생각을 씻기라도 하듯 부정하기 바빴다. 그리우면 그리운 대로 두는 수밖에 없다고 막연히 외면했다. 그러다 갑자기 전에 없던 결심이 선 것은 '겉절이'여서였다. 내가 무척 좋아하는 음식이면서 상대적으로 간단하고 동시에 집마다 맛이 다른 음식. 엄마가 어떤 재료, 어떤 제품을 어떤 비율로 쓰는

지 알지 못하면 먼 훗날 언젠가에는 재연하고 싶어도 할 수 없을지 모르는. 묻고 싶어도 물을 수 없을.

"엄마, 나 주말에 요리 배우러 가도 돼?" 세 딸 중 가장 요리와는 거리가 먼 내 입에서 이런 말이 나올 줄이야. 아니, 어쩌면 그래서일까. 언니 동생은 어깨너머로도 배웠을 것을 둔한 나는 각을 잡고서야 배운다. 기왕 잡은 각이 아깝지 않게 내친김에 게장까지 배워 보기로 하고, 그 옛날 초등학교 '가정' 과목 실습 시간처럼 앞치마를 두르고 선생님 옆에 선다. 다른 것이 있다면 이제는 그 누구로부터든 점수 받기 위함이 아니라 오로지 나 자신을 위해서라는 것이다. 되도록 천천히 알기를 바라는 먼 훗날의 어떤 그리움을 꼭꼭 씹어 예습하는 마음으로.

제6장
—끝을 감각하며 사랑하는 일

다시 찾은 놀이동산

얼마 전, 오랜만에 세 자매 데이트를 계획했다. 올림픽 공원에서 하는 페스티벌 티켓이 생긴 것을 계기로 근처 호텔을 예약하고 그 김에 놀이동산까지 가기로 결의했다. 손꼽아 기다리던 당일, 얼결에 부모님과 동선이 닿았다. "엄마 아빠, 우리랑 놀이동산 안 갈래?" 처음엔 당황스러워하던 두 분을 꾀어 내는 데 성공했다. 놀이기구는 안 타도 그만이니 산책하며 분위기만 느끼자고. 구슬아이스크림만 먹어도 충분하다고.

멀리 놀이동산이 눈에 들어오면서부터 가슴이 뛰기 시작했다. 엄마 아빠와 마지막으로 온 건 못해도 20년 전. 이후 친구들과 애인과 몇 번이고 다시 왔지만 감흥이 달랐다. 함께 손을 잡고 걷는 것만으로도 시간을 거슬러 오른 듯 그 시절 추억이 되살아났다. 평균 연령 34세의 세 딸과 올해 회갑인 부모님의 놀이동산이라니. 사위들 없이, 손주들 없이 이 조합은 전체를 통틀어 우리밖에 없을 거라며 웃었다.

동화 속 세계 같았던 환상의 섬을 훤히 꿰는 데까지는 삼십분도 채 걸리지 않았다. 커서 찾은 놀이동산은 하나의 큰 놀이터였다. 엄마 아빠는 놀이기구는 타지 않고 시종일관 카메라로 딸들을 좇았다. 무서웠다며 울먹이는 딸을 우리는 놀렸지만, 부모님은 초등학생 딸을 어르듯 안아주며 안쓰러워했다. "너희들 어릴 때 이거 많이 탔는데!" 보트를 타고 떠나는 지하 속 모험은 물곰팡이 냄새가 진동했고, 기술은 발전했는데 그 안의 조악함은 20년 전 그대로였다. 그 여전함조차 반가웠다.

스티커 사진까지 찍고 대망의 구슬 아이스크림. 일부러 인당 하나씩, 각자 먹고 싶은 맛을 골랐다. 먹을 만한 곳을 찾아 두리번거리는데 사람들이 하나둘 바닥에 앉는 것이 보였다. 퍼레이드였다. 휘황찬란한 행렬

이 이어졌다. 긴 막대로 기린 목을 지휘하는 퍼포머가 특히 압권이었는데, 나는 그의 어깨를 걱정했다. 커서 만난 퍼레이드는 노동의 현장이었다.

한참을 구경하다 슬슬 허리가 아파오기에 부모님 걱정이 되었다. "갈까?" 물었더니 두 분 눈빛에 아쉬움이 역력하다. 알고 보니 누구보다도 즐기고 계셨다. 두 눈을 반짝이며 손뼉을 치고, 퍼포머와 손 하트를 주고받으며 깔깔거리고 계셨다. 그야말로 온전히 아이가 되어 즐기는 모습. 처음이었다.

데이트할 때나 가던 테라스가 멋진 호숫가의 펍에서 맥주를 한 잔씩 하고, 편의점에서 주전부리를 사 호텔로 돌아오는 길, 아빠는 꿈속에 있는 것 같다고 하셨다. 사실은 운전해서 오는 길 내내 설레셨다고. 보호자가 아닌 입장에서 오는 놀이동산이 처음이라. "그럼 이제 보호자는 누구지?" 아무래도 가장 젊은, 내 눈엔 여전히 애기지만 서른둘이나 먹은 우리 막내가 이제는 제일 대장이다.

이후 한동안은 거의 매일 문득문득 퍼레이드를 보던 두 분의 해맑은 표정이 아른거렸다. 책임감으로부터 졸업한 홀가분함과 놀이동산이라는 공간의 특수성이 만나, 난생처음 발견한 두 분의 얼굴. 언니와 동생도 그렇다 했다. 그런데 이상하게 눈물이 날 것 같다고. 고작 며칠이 지났는데 벌써 꿈같아 조금은 슬프기까지 하다고. 죽기 전에 제일 행복했던 순간을 떠올리게 되면, 이날 두 분의 표정이 가장 먼저 떠오를 것 같다. 우리 부디, 조금이라도 더 오래, 더 많이, 같이 놀자.

제6장
—끝을 감각하며 사랑하는 일

아버지와 오로라

아버지와 둘이 오로라를 보고 왔다. 이 짧은 문장에 몇 개의 기적이 숨어있는지. 다 큰 딸과 회갑 넘은 아버지 단둘이 여행이라니. 그것도 오로라를 보러.

언젠가 깨달았다. 엄마와는 둘이 해 본 게 많은데 아빠와는 없다는 것을. 사람은, 하다못해 나도 여럿이 있을 때와 둘이 있을 때가 다른데, 함께 있을 때의 아빠뿐 아니라 둘이 있을 때의 아빠를 알고 싶었다. 이후 '아빠와 단둘이 여행'은 수년간 내 버킷리스트에 있어 왔지만 엄두 내기란 쉽지 않았다. 그러다 코로나가 왔고 나도 아빠도 나이를 먹었다. 나의 일상은 더 복잡해졌고, 아빠의 무릎은 더 약해졌다. 그리고 아빠가 은퇴를 했다.

　더 늦으면 기회가 없을지도 모른다는 생각이 들었다. "아빠, 나랑 여행 가자. 가고 싶은 데 없어?" 아빠는 '오로라'를 보고 싶다 하셨다. 순간 당황했다. 그간 아버지의 여행은 출장 아니면 패키지였으므로 자유여행의 즐거움을 느끼게 해드리고 싶었는데, '오로라'라면 일이 커졌다. 후에 알았는데 '설마' 하셨단다. 막상 내가 티켓을 내밀었을 때 당황한 건 아빠 쪽이었다.

　14시간의 비행 끝에 새벽 6시에야 핀란드 '헬싱키'에 닿았다. 피곤하실까 염려했는데 웬걸 아빠는 나보다도 더 쌩쌩했다. 얼리체크인 후 짧게 눈을 붙이고 정해진 일정 없이 먹고 걸었다. 대중교통을 타다 보니 종종 이 방향이 맞나 헤매곤 했는데, 이조차 아빠에겐 새로운 경험이었다. 꼬마였던 딸 손에 이끌려 다니는 기분이 묘하다 하셨다. 호기심이 많고 관찰력이 좋아 보는 것마다 과학, 정치, 역사적 해설을 늘어 놓고, 업무도, 정해진 일정도 없는 이 자유로움이 좋으신지, 이쪽으로 가 보자 저쪽으로 가 보자 하면서 눈을 반짝이셨다.

　이어 더 북쪽으로 오로라를 찾아 나섰다. 산타의

제6장
—끝을 감각하며 사랑하는 일

공식 거주지 '로바니에미'. 오랜 기다림 끝에 '공식 산타'의 접견실에 입장했다. 눈 놀이하는 것 잊지 말라고, 크리스마스 때 보자고 덕담을 듣고 아빠와 셋이 사진을 찍었다. 비용은 50유로. 커서야 만난 진짜(라고 합의된) 산타는 허탈할 만큼 잘 만들어진 브랜드였지만, 한때 산타였던 아빠를 진짜 산타에게 데려오니 감회가 새로웠다.

그리고 마침내 오로라를 만났다. 아빠와 멋진 사진을 남기고 싶은 욕심에 사진작가까지 섭외한 '오로라 헌팅' 예약일. 출국 전부터 매일 날씨를 체크하며 기도했지만, 예보상 구름이 많고 달이 밝아서 못 보는 게 정상인 날이라고 했다. 마음을 비운(다고는 하지만 비우지 못한) 채 추위에 떨며 하늘을 올려다보고 있는데 녹색 빛이 하늘을 수놓기 시작했다. 동행한 작가님 말씀이 기적이라고 했다. 오로라 자체도 장관이었지만, 내 옆에 아빠가 있다는 사실이 더 꿈같았다.

이후 며칠을 더 나며 몰랐던 아빠의 모습을 많이 보고 들었다. 언젠가는 카페에서 나오는데 아빠가 무슨 말을 했는지 점원이 폭소하며 '굿'이라고 했다. 이때부터 '행복하세요'를 핀란드어로 외워 말하고 다니던 아빠. 말고도 어린 시절 이야기, 이른 나이 가장이 되어 앞만 보고 달려온 이야기 등. '지금껏 우리가 살면서 해온 대화록을 다 합친 것보다 더 많은 대화를 한 것 같다'고 아빠가 말했다.

다 안다고 생각했는데, 함께 시간을 보낼 만큼 보내는 편이라 여겼는데. 친구도 1대1을 좋아하면서 왜 아빠와는 그런 시간을 갖지 못했을까. 더 늦기 전에 와서 다행이다, 다음엔 어디를 갈까 이야기했다. 이번 여행을 계기로 아빠와 함께 하고 싶은 일의 상상력이 넓어졌다.

귀국 후, 공항에서 뒤돌아 가는 아빠 모습을 보는데, 멀리 가는 것도 아닌데 한동안 자리를 뜰 수 없었다. 하얗게 센 뒤통수가 저만치 멀어지고 나서야, 여행 내내 아빠랑 듣고 불렀던 아빠의 최애곡, 정수라의 '어느날 문득'을 들으며 집에 돌아왔다. 실은 마지막 도시로 이동하던 버스에서 이 노래를 듣다 아빠 눈시울이 붉어졌는데, 너도 예순 넘어서 들으면 울 거라 하셨다.

제6장
—끝을 감각하며 사랑하는 일

그땐 왜 그랬을까 그땐 왜 몰랐을까 사랑에 이별이 숨어 있는지. 어느날 문득 생각해 보니 내가 없으면 세상이 없듯이 날 위해 이제는 다 비워야 하는데 아직도 내가 날 모르나 봐요.
— 정수라, '어느날 문득'

아닌데, 나는 지금도 이 노래를 들으면 눈물이 난다.

봄에는 죽음을 생각하는 것이 좋다

벌써 개나리를 만났다. 봄이 왔구나. 찬 계절의 끝을 실감하며 얕게 안도한 것은, 지난겨울 유난히 추웠기 때문이다. 겨우내 많은 부고를 들었다. 대부분이 조부모상이었다. '우리 나이가 그럴 때지.' 부모 세대가 부모를, 또래 세대가 조부모를 잃는 시기.

바지런한 부모님은 내가 어릴 때부터 사진, 비디오 등 추억을 정리하는 일에 정성이셨다. 그 덕에 집에서도 앨범을 들여다보는 일이 잦았는데, 그때마다 나는 곧잘 울곤 했다. 할머니 사진만 보면 '우리 할머니 돌아가시면 어떡해' 통곡했다. 당시 할머니가 회갑 언저리 되셨을까. 젊고 건강한 할머니가 심지어 한 집 안에 계신데 뭐가 그리 서러웠던 걸까. 죽음은커녕 이별에 대해 트라우마 같은 것이 생길 만한 사건도 사연도 없었다. 추측건대 그건 그냥, 너무 소중했던 거다.

할머니가 돌아가시고 나서 그 시절을 떠올렸다. 그 뒤로 30년 가까운 시간을 함께 보냈는데, 나는 30년 전부터 이날을 생각하며 미리 두려워하고 미리 울었다. 그러니까, 아주 어릴 때부터 나는 곧잘 끝을 생각했다. 소중할수록 더욱. 언젠가는 필연적으로 다가올 이별의 날을 수시로 예습하고 슬퍼했다. 그나마 다행인 것은 그 슬픔의 방향이 허무가 아닌 연민으로 흐른다는 것이었다.

가령, 부모님이 회갑을 넘기면서부터는 꿈으로도 꾸기 싫은 그들과의 이별을 피할 수 없이 종종 상상한다. 함께 여행을 가고 맛있는 것을 먹고 웃고 떠들다 보면 지금이 문득 애잔해진다. 남자친구가 남편이 되면서부터는 그와의 이별도 잦게 상상한다. 그 외에도 소중한 이와의 멀어짐, 혹은 나 자신의, 내 의지가 아닌 삶의 종료에 대해 문득문득 상상한다. 그럴 때마다, 슬프지만 단호해진다. 모든 것이 사소해지고 그야말로 추억 지상주의자가 된다.

    미래의 나를 상정하고 추억을 만든다. 말하자면 추억을 쌓고 있는 순간에 이미, 미래에 서서 오늘을 추억한다. 얼마간은 건강하지 않다 자각하고 있지만 각인된 성정이 쉬이 고쳐질 리 없다. 고쳐 쓰지 못할 바에야 긍정하기로 한다. 수십 년 치 다이어리 보따리와 고등학생 때 받은 편지를 품고 사는 삶도, 다가올 이별을 미리 감각하며 곁의 이들을, 오늘 하루를 두려워하며 사랑하는 삶도, 사실은 크게 나쁘지 않다.

    거리는 다시 벚꽃놀이 인파와 새봄의 환희로 차오를 테지. 그 기쁨을 마다할 이유는 없지만, 새 계절, 새 시작의 문턱에서 조용히 결심한다. 이 봄에도 나는, 나와 당신의 죽음을 수시로 예습하고 기억하겠노라고. 새 계절, 새 시작의 문턱에서 조용히 결심한다.

    꽃이 피면 보러 가자, 아끼는 누군가와 혹은 나 자신과. 그것이 우리가 할 수 있는 전부이지만 어쩌면 해야 하는 전부인지도 모르겠다.

제6장
―끝을 감각하며 사랑하는 일

에필로그

다시, 이야기의 시작

임신 출산 육아에 대한 두려움에 사로잡혀 근 10년을 보냈습니다. 보고 들은 사례들이 많으니 근거 없는 두려움은 아니었지요. 아이를 낳기 전에 빨리 자리를 잡아야 한다는 생각에 늘 조급했던 시간이었지만, 돌아보면 그 덕에 일에 대한 고민을 쉬지 않고 해 왔던 것 같습니다. 여전히 뭐가 될지는 모르겠지만, 이제 저는 그 '아득함'의 다른 이름이 '설렘'인 줄을 압니다.

출간 작업을 마무리할 즈음, 새 생명이 찾아왔습니다. 흔히들 우스갯소리로 출산 전의 삶을 '전생'이라 칭합니다. 말 그대로, 가치관도 우선순위도 완전히 다른 사람으로 새로 태어나는 것이니까요. 그러니까 이 책은 어쩌면 제겐 이전 생의 기록입니다. 그래도 어느 정도 삶에 대한 결정이 자유로웠던 시절이었지요.

혼자서도 완전할 수 있을지도 모릅니다. 그러나 친구, 가족이 그렇듯, '함께'에는 분명 다른 층위의 우주가 있습니다. 부모 됨도 다르지 않다고 생각합니다. 우리는 둘이서도, 혹은 혼자서도 충분히 행복했을 겁니다. 다만 이제 새로운 종류의 행복을 배워 보기로 했습니다. 마치 새로운 별을 탐사하듯 말입니다. 그리고 출산한 지 두 달이 지난 지금, 저는 이 새로운 별로의 이주가, 두 번째 인생이 퍽 즐겁습니다.

짧디짧은 3개월의 출산 휴가가 끝나갑니다. 100일도 안 된 아기를 놓고 출근하는 길은 다시 한번 아득하겠지요. 벌써 시작된 죄책감과의 싸움이 여전히 두렵습니다. 하지만 제겐 새로운 목표가 생겼습니다. 제 딸도 언

에필로그
—다시, 이야기의 시작

젠가 어떤 형태로든 여성 직업인이 될 확률이 높겠지요. 저 역시 어떤 형태로든 계속 꿈꾸는 모습이었으면 합니다. 그리하여 언젠가 그녀가 제게 '롤 모델'이라고 말해 주는 날이 온다면 그보다 더 큰 영광은 없을 겁니다.

그날을 그리며, 오늘도 책상 앞에 앉습니다. 다시 부지런히, 몸과 마음을 움직입니다.

느슨하게 부지런한 행복

초판 1쇄 발행 2025년 9월 10일

지은이	김지영
펴낸이	박영미
펴낸곳	포르체

책임편집	김찬미
마케팅	정은주 민재영
디자인	황규성

출판신고	2020년 7월 20일 제2020-000103호
전화	02-6083-0128
팩스	02-6008-0126
이메일	porchetogo@gmail.com
인스타그램	porche_book

ⓒ 김지영(저작권자와 맺은 특약에 따라 검인을 생략합니다.)
ISBN 979-11-94634-51-5 (03810)

- 이 책은 저작권법에 따라 보호받는 저작물이므로 무단전재와 무단복제를 금지하며, 이 책 내용의 전부 또는 일부를 이용하려면 반드시 저작권자와 포르체의 서면 동의를 받아야 합니다.
- 이 책의 국립중앙도서관 출판시도서목록은 서지정보유통지원시스템 홈페이지(http://seoji.nl.go.kr)와 국가자료공동 목록시스템(http://www.nl.go.kr/kolisnet)에서 이용하실 수 있습니다.
- 잘못된 책은 구입하신 서점에서 바꿔드립니다.
- 책값은 뒤표지에 있습니다.

KOMCA 승인필

여러분의 소중한 원고를 보내주세요.
porchetogo@gmail.com